Como escrever para o

Roteiro para uma redação nota 1.000

Consulte nosso catálogo completo e últimos lançamentos em **www.editoracontexto.com.br**.

Como escrever para o

Roteiro para uma redação nota 1.000

Arlete Salvador

Montagem de capa e diagramação
Gustavo S. Vilas Boas

Preparação de textos
Lilian Aquino

Revisão
Daniela Marini Iwamoto

Dados Internacionais de Catalogação na Publicação (CIP)
(Câmara Brasileira do Livro, SP, Brasil)

Salvador, Arlete
Como escrever para o Enem : roteiro para uma redação nota
1.000 / Arlete Salvador. – 3.ed. – São Paulo : Contexto, 2024.

Bibliografia.
ISBN 978-65-5541-525-4

1. Enem – Exame Nacional do Ensino Médio
2. Português – Exames, questões etc.
3. Português – Gramática 4. Português – Redação I. Título.

13-08237 CDD-469

Índice para catálogo sistemático:
1. Gramática e redação : Português 469
2. Redação e gramática : Português 469

2024

EDITORA CONTEXTO
Diretor editorial: *Jaime Pinsky*

Rua Dr. José Elias, 520 – Alto da Lapa
05083-030 – São Paulo – SP
PABX: (11) 3832 5838
contato@editoracontexto.com.br
www.editoracontexto.com.br

SUMÁRIO

APRESENTAÇÃO

Todo ano milhões de estudantes escrevem uma dissertação argumentativa na prova do Exame Nacional do Ensino Médio (Enem). Trata-se do maior desafio do exame, porque um mau resultado na escrita pode custar a tão sonhada vaga na universidade. Candidatos com zero na redação estão fora da disputa. Em compensação, quem se sai bem na composição pula na frente na lista dos classificados. Mesmo concorrentes das áreas de Ciências Exatas e da Natureza precisam tirar notas altas para turbinar a média geral. Então, há apenas duas opções para os milhões de jovens inscritos no Enem – escrever bem ou escrever bem.

Por enquanto, o desempenho dos candidatos na redação tem sido sofrível. Segundo levantamento do Inep (Instituto Nacional de Estudos e Pesquisa Educacional Anísio Teixeira), órgão do Ministério da Educação responsável pelo Enem, quase 96 mil redações tiveram zero (4,22% do total de concorrentes) e apenas 22 receberam a nota máxima em 2021. A nota média ficou em 634,16. A maior parte dos participantes com nota zero entregou a folha de redação em branco. Naquele ano, o tema foi "Invisibilidade e registro civil: garantia de acesso à cidadania no Brasil". O resultado foi pior em 2022, quando os candidatos escreveram sobre “Desafios para a valorização de comunidades e povos tradicionais no Brasil”. Entre pouco mais de 2 milhões de inscritos, houve apenas 19 notas 1.000. Em 2023, cujo tema foi “Desafios para o enfrentamento da invisibilidade do trabalho de cuidado realizado pela mulher no Brasil”, 60 alunos entre os 2,7 milhões de participantes obtiveram a nota máxima em redação.

Os estudantes brasileiros vivem um paradoxo. Ao mesmo tempo em que avaliações internacionais comprovam a ineficiência das escolas básicas em ensiná-los a escrever, eles são submetidos a um teste de redação difícil e complexo ao final do ciclo médio. Acredite: a prova de redação derruba muita gente grande. O texto exigido equivale a uma dissertação de mestrado ou a uma tese de doutorado; apenas muito mais curta. O candidato deve apresentar uma tese, defendê-la com argumentos convincentes e ainda propor soluções para problemas sociais sem desrespeitar os direitos humanos. Como enfrentar esse desafio?

Esse trabalho só é possível com o esforço dos alunos fora das escolas. Muitos frequentam cursinhos especializados, mas muitos outros se viram sozinhos, lendo e fazendo exercícios por conta própria. Esse trabalho individual faz toda a diferença. Pode trazer para o aluno os pontos a mais que ele precisa para ingressar na faculdade dos sonhos. Escrever bem requer habilidade que só melhora com prática e dedicação. Jovens habituados a leitura, viagens, visitas a museus, a exposições de arte e a atividades culturais levam vantagem, pois entram em contato direto com ferramentas que ampliam o conhecimento geral e a capacidade de reflexão.

Este livro ensina a escrever a redação pedida pelo Enem. Quem escreve bem nesse teste está pronto para prestar qualquer outro vestibular. Aliás, aos poucos, o exame nacional está substituindo vestibulares em todo o país. Na primeira parte, o livro apresenta as provas de redação, discute temas e textos motivadores e explica os objetivos dos organizadores. Traz ainda informação sobre estilos de redação, com destaque para a estrutura argumentativa.

A segunda parte é prática: traz o passo a passo completo para escrever uma redação nota 1.000, desde a descoberta do tema da prova até a inclusão de propostas de intervenção social. Os exemplos de texto analisados aqui saíram de redações nota 1.000 divulgadas pelo MEC, mas eventuais erros de grafia, concordância verbal e sintaxe foram corrigidos. Há ainda um roteiro detalhado para planejamento e execução do texto.

A parte final apresenta um guia de autoajuda. Inclui pontos básicos de gramática e técnicas de redação para tornar o texto direto e objetivo. A essa altura da vida escolar, depois do ciclo médio, espera-se dos participantes familiaridade com tudo isso, mas sempre convém recordar. Constam também sugestões de exercícios de redação para estimular a criatividade e, para completar, um roteiro resumido para seguir na hora H – a hora da prova de redação.

* * *

Dedico este livro à jornalista, escritora e professora Dad Squarisi, falecida em 2023, pelo amor e enorme contribuição à arte de escrever.

O QUE QUER O ENEM

CADA TEXTO NO SEU GALHO

Se você é daqueles que detestam escrever e morrem de medo de enfrentar a prova de redação do Enem, faça esta experiência: observe tudo o que você escreve em um dia qualquer. Vale tudo: mensagens no WhatsApp, e-mails, posts em redes sociais, recados em post-it, tarefas do colégio registradas no velho e bom caderno, bilhetes para a irmã, lista de presentes. Observou? Quanto texto, hein? Você nem tinha notado, mas tem escrito muito nos últimos anos. Ou melhor, você anda teclando muito no celular. O telefone já nem serve mais para telefonar: só para enviar mensagens de texto e voz e navegar na internet. Sinal da era tecnológica: estamos nos comunicando cada vez mais por escrito digitalmente, embora mensagens gravadas e vídeos estejam ganhando terreno.

Se você prestar mais atenção ainda em tudo o que escreve durante um dia, encontrará vários tipos de texto. Uns são longos; outros, curtinhos. Há os informais, os amorosos, os agressivos, os divertidos, os atrevidos, os científicos, os formais, os objetivos, os informativos, os analíticos, os poéticos. Tem pra todos os gostos, momentos e pessoas. Cada um deles tem um jeitinho especial de ser, segue determinadas regras de organização e usa vocabulário próprio. Em outras palavras: cada texto tem seu galho, seu lugarzinho no mundo escrito. Entender a diferença entre eles contribui para a arte de escrever.

Textos digitais enviados a namoradas e namorados costumam ser mais informais e intimistas do que os enviados a mães e professores. Quando alguém fala com o amado, usa expressões amorosas, manda beijinhos, troca confidências, usa palavras cujos significados só os dois conhecem e muitos, muitos emojis e gifs. Com professores, tratamos de assuntos técnicos, de dúvidas sobre a matéria aprendida em classe. Convidar para um encontro no shopping center? Não rola. Contar detalhes do namoro num WhatsApp para o pai? Tô fora.

Escrevemos nossos textos de acordo com o perfil do destinatário. Se a mensagem vai para alguém próximo e amigo, o tom da escrita é informal, relaxado, íntimo. Se for para alguém com alguma autoridade, em geral mais velho, torna-se mais formal, sem confidências. Nada de gracinhas, beijinhos e brincadeiras. Você já tinha notado como muda a forma de escrever de acordo com o destinatário? Dá para perceber essas diferenças em mensagens enviadas pelo celular, como estas:

Para o namorado:

Te vejo no shopping à tarde. Te amo d+.

Para a mãe:

Mãe, não esquece de me pegar na natação. Bj.

Para a professora:

Oi, Marina, eu tive vários problemas de família ultimamente e não consegui terminar o trabalho de literatura no prazo que termina hoje. Será que eu posso entregar na semana que vem? Desculpe aí, mas foi sério mesmo. Muito obrigado.

Três mensagens informais, mas escritas em tons diferentes. A primeira, para o namorado, soa intimista, amorosa, insinuante, com direito a declaração de amor. A segunda parece uma ordem – o filho lembra à mãe o compromisso acertado entre os dois. A terceira desfila respeito e humildade, certamente o melhor jeitinho para pedir um favor à professora. E vem com agradecimento no final, detalhe ausente no lembrete para a mãe da nossa história. Três destinatários, três mensagens, três textos diferentes.

E se escrevêssemos uma dissertação de mestrado? Seria ainda outro tipo de texto. Informalidade zero. Textos acadêmicos são escritos em linguagem científica – profissional, distante, objetiva. Os autores usam jargões e expressões de sua especialidade profissional. Dissertações de mestrado e teses de doutorado são regidas pelas normas rígidas da Associação Brasileira de Normas Técnicas (ABNT). Ai de quem desobedece – perde o diploma. Veja este texto de mestrado submetido ao Instituto de Física Gleb Wataghin, da Universidade de Campinas (Unicamp), no estado de São Paulo:

Cálculo de energias cinéticas em sistemas formados por átomos de ^{4}He na fase sólida

Dissertação de Mestrado de:
Rugelas Vargas, Elkin Jezzid

Orientada por: Vitiello, Silvio Antonio Sachetto

Publicada em 2011

Resumo

Neste trabalho estudamos o comportamento das energias do ^{4}He sólido a baixas temperaturas para diferentes densidades, utilizando-se os métodos complementares de Difusão Monte Carlo (DMC) para a temperatura de 0 K e Integrais de Trajetória Pelo Método de Monte Carlo (PIMC) para as temperaturas de 1 e 2 K. Como os operadores das energias cinética $\hat{T}$ e potencial $\hat{U}$ não comutam, utilizou-se o teorema de Hellman-Feymann no método DMC e propriedades termodinâmicas da energia no método PIMC, para estimar-se a energia cinética e potencial do sistema. Obtivemos resultados com um acordo muito bom com dados experimentais da literatura. O estudo da energia cinética é de interesse em sistemas que obedecem a simetria de Bose-Einstein, onde um decréscimo da energia cinética, abaixo de uma temperatura crítica Tc, pode ser considerado como uma evidência da condensação.

Parece o samba da energia doida? Os profissionais da área de Física conhecem o assunto tratado pelo estudante e estão familiarizados com as palavras, as fórmulas matemáticas e os conceitos teóricos mencionados na tese. Para a maioria dos físicos, aliás, o resumo explica toda a proposta do estudante e pode até dispensar a leitura completa do documento. Quem conhece o assunto considera o trabalho muito bem escrito. Para os ignorantes de Física, torna-se incompreensível.

Outros textos técnicos voltados para públicos específicos estão nas revistas e sites especializados em tecnologia e games. Só entende quem é do ramo. A descrição de um novo produto para esse mercado em 2023 poderia soar como língua de extraterrestre para os ignorantes do mundo dos jogos eletrônicos. Quem aí entende o assunto tratado no texto a seguir?

Aventura familiar

(Kirby's) Return to Dream Land Deluxe é o mais puro suco da bolinha rosa: uma aventura de plataforma em visão lateral, cuja premissa é arrancar sorrisos com seu combate simples, baseado em aspirar inimigos e copiar suas habilidades, também proporcionando uma exploração relaxante e convidativa a pessoas de qualquer idade.
Apesar de ser uma franquia que sempre fez de tudo para descomplicar a vida do jogador, *Return to Dream Land* se excede no conceito "light", sendo um dos games mais acessíveis dentre os muitos que a bolota protagonizou em seus quase 31 anos de história [...].

Fonte: https://www.tecmundo.com.br/voxel/jogos/kirby-s-return-to-dream-land-deluxe/analise

De uma forma geral, dá para compreender o texto acima – afinal de contas, está escrito em português, certo? Mas nem todo mundo entenderá os detalhes do que autor está falando. Kirby? Bolota? Plataforma em visão lateral? Dream Land? O autor da resenha deixa esses termos sem explicação, mas os *gamers*, como são chamados os aficionados em jogos eletrônicos, certamente sabem do que se trata e conhecem muito bem a franquia Kirby. Se você desconhece o que é um *gamer*, nunca ouviu falar do Kirby e de Dream Land, *well*, você está fora da tribo dos amantes dos jogos eletrônicos. Esse artigo trata de uma série de jogos eletrônicos, cujo personagem principal (o tal Kirby), uma bolota rosa, tem habilidades especiais para sugar oponentes e incorporar seus poderes para cuspi-los ou engoli-los. Dream Land é a terra habitada pela bolota. Trata-se de um personagem "do bem" e, por isso, o autor do texto acima diz que suas aventuras proporcionam uma "exploração relaxante e convidativa a pessoas de qualquer idade".

Da mesma forma que esse texto sobre jogos eletrônicos, reportagens sobre novos concertos, maestros de renome internacional e nomes de pianistas consagrados parecem escritas em grego para a tribo do sertanejo universitário. Até textos sobre novelas da televisão podem se tornar incompreensíveis para quem não acompanha os capítulos todos os dias. Sabe aquela pessoa que, sentada ao seu lado no sofá, fica perguntando sobre esse e aquele personagem e por que eles estão brigando na novela? Bem, os textos sobre novelas para essas pessoas com tantas dúvidas têm de ser escritos de forma óbvia, com os detalhes da história desde o começo. Em compensação, esse mesmo texto ficaria muito chato se fosse destinado aos fãs das novelas. Eles querem saber o que vai acontecer, sem se preocupar com o passado.

Se fossemos escrever um romance literário, teríamos toda a liberdade do mundo. O autor manda no texto. Romancistas podem tudo. Seus textos podem ser rebuscados, com construções gramaticais complexas; ou singelos, para qualquer criança entender. Podem misturar presente, passado e futuro. Às vezes, terminam mal. Outras, nem terminam. Podem ser bem tradicionais, com começo, meio e fim. Podem ser inventados. Podem ser verdadeiros. Há quem os leia pelo inusitado da história; outros, pela beleza do texto. Muita gente os detesta justamente por tudo isso.

Com esta dedicatória começa um dos romances mais conhecidos da literatura brasileira:

> Ao verme que primeiro roeu as frias carnes do meu cadáver dedico com saudosa lembrança estas memórias póstumas.

O escritor Machado de Assis publicou o romance *Memórias póstumas de Brás Cubas*, texto recomendado para candidatos ao Enem, pela primeira vez em 1880. O personagem principal é um homem morto que conta a vida de trás pra frente, começando pelo funeral e a causa da morte para depois tratar da infância de menino rico. Criativo, concorda? Machado começou o romance como bem entendeu, sem dar satisfação a ninguém.

A maneira como escrevemos varia ainda conforme a extensão do texto. Os textos digitais são territórios férteis para exploração de vários estilos de escrita. Curto ou longo? E-mails e blogs não têm fim. O autor pode escrever quanto quiser. Posts nas redes sociais, em geral, ficam no meio do caminho. Dá para contar uma história sem exageros. Instagram e LinkedIn determinam a extensão de títulos e legendas. Postagens no X (antigo Twitter) podem chegar a 280 caracteres de texto. Muita gente dribla essas regras postando várias mensagens curtas em sequência e abusa das abreviações e sinais gráficos, incluindo vídeos.

Originalmente, enquanto era Twitter, o X limitava o tamanho das mensagens em 140 caracteres, mas a regra foi mudando e perdeu um pouco da graça, que estava mesmo em mandar bem um recado naquele espaço reduzido. Mesmo com as mudanças, o espaço de 280 caracteres ainda exige textos objetivos, diretos, sem espaço para ser prolixo. Só dá para escrever as informações mais importantes, deixando os detalhes de lado. Mesmo as plataformas de mensagens instantâneas, como o WhatsApp, demandam textos curtos e rápidos. Quem aguenta textão na tela do celular? Até mensagens de voz ficam intoleráveis quando muito longas. As redes sociais e plataformas de mensagens instantâneas miram a objetividade e, por consequência, a rapidez.

Muita gente se perde na hora de escrever textos curtos, pois tem dificuldade em selecionar informações. Os textos sem obrigação de ponto-final, como os blogs e sites, colocam o mesmo desafio ao escritor. Se bobear, viram emaranhados de informações que se arrastam pelas páginas, cheios de detalhes inúteis, dão voltas no quarteirão e, às vezes, perdem o rumo no meio do caminho. O leitor fica a pensar: mas do que é mesmo que este artigo tratava? Um escritor talentoso consegue produzir textos longos capazes de segurar a atenção do leitor por muito tempo e mensagens rápidas e curtas, tarefas igualmente desafiadoras. Dois tipos de texto, mesmo talento necessário.

Vamos observar na prática essa diferença na escrita por meio de uma mensagem do Ministério da Saúde do dia 26 de dezembro de 2023, divulgada em diferentes mídias sociais. Naquele dia, uma das páginas do site do Ministério noticiava o financiamento do governo brasileiro para pesquisas científicas focadas em conhecer melhor a presença de sintomas pós-covid no Brasil. Já sabemos que sites são espaços digitais infindáveis, onde cabem textos longos e pormenorizados. Por isso, o texto daquele dia apresentava com detalhes os principais sintomas pós-covid já identificados para auxiliar agentes de saúde a diagnosticá-los. A página em questão trazia apenas uma foto e quadros com a descrição dos sintomas recorrentes.

A notícia no site do Ministério da Saúde estava assim:

Prevenção e cuidado

Saiba o que são 'condições pós-covid' e conheça as orientações do Ministério da Saúde para diagnóstico

Dificuldade de concentração e memória, perda de paladar e olfato são comuns, especialmente em não vacinados e casos de reinfecção. Pasta financia pesquisas a fim de entender melhor o cenário no Brasil.

Pessoas que tiveram covid-19, mesmo nas formas leve ou assintomática, podem apresentar um conjunto de sinais e sintomas que se prologam e não têm causa aparente: são as chamadas 'condições pós-covid'. Dificuldade de concentração e memória, conhecida como névoa cerebral; perda prolongada de olfato e paladar; e alterações cognitivas são os sintomas neurológicos mais comuns. Mas as condições também podem afetar outros sistemas como cardiovascular, respiratório, gastrointestinal, mental, muscoesquelético e geniturinário.

Para auxiliar os profissionais na identificação clínica dos casos e orientar quanto aos critérios de diagnóstico, o Ministério da Saúde publicou uma nota técnica que reúne as informações mais atualizadas sobre o tema. Um dos pontos explicados é que as condições pós-covid ocorrem a partir de quatro semanas desde a infecção inicial. Outro ponto é que os sinais e sintomas permanecem a longo prazo, mesmo depois que a pessoa passa pela fase aguda da doença [...].

Pesquisas buscam entender a prevalência das condições pós-covid no Brasil

Por se tratar de um tema novo, as pesquisas e inquéritos de base populacional que investigam a prevalência das condições pós-covid ainda estão em andamento. O Ministério da Saúde financia algumas delas, em parceria com instituições e universidades, a fim de entender melhor o cenário no Brasil. Entretanto, a Secretaria de Ciência, Tecnologia, Inovação e Complexo da Saúde (Sectics) já consegue fazer uma análise preliminar de cenário com base em estudos avaliados pela área técnica responsável.

Foi descoberto, por exemplo, que 40% da amostra de pessoas investigadas apresentou alguma condição pós-covid, com maior concentração no sexo feminino. Obesidade foi considerado o principal fator de risco e os sintomas mais verificados foram dispneia, fadiga e tosse. Tudo isso é levado em conta tanto no desenvolvimento de políticas públicas para tratar o problema, quanto na orientação aos profissionais para o correto diagnóstico.

Diagnóstico leva em conta o histórico do paciente e prevenção é fundamental

Por ora, não existem testes específicos para o pós-covid. O diagnóstico se baseia em um histórico de exame positivo para a covid-19 ou exposição ao vírus, associados a uma avaliação clínica abrangente e minuciosa. Exames laboratoriais, de imagem, eletrocardiograma, entre outros, podem ser úteis para auxiliar no diagnóstico. Recomenda-se que, antes de definir uma manifestação como condição pós-covid, se investigue outras razões que podem justificar o quadro apresentado.

Para se proteger dessa condição, o documento do Ministério da Saúde orienta que sejam seguidos os mesmos cuidados para evitar a infecção por covid-19. Além da vacinação contra o vírus, que está disponível no Sistema Único de Saúde (SUS) para todos aqueles que possuem mais de 6 meses de vida, recomenda-se realizar a higiene adequada das mãos, etiqueta respiratória, ventilação adequada de ambientes, evitar contato com casos positivos e uso de máscara em situações específicas para evitar contrair a infecção.

Ufa, foi preciso tempo e paciência para chegar até o fim do texto. Agora vejamos como a mesma mensagem apareceu no Instagram do Ministério da Saúde:

Note que as mensagens tratavam do mesmo assunto – financiamentos federais para estudar os efeitos da covid-19 no Brasil. Entretanto, na transição de uma ferramenta de internet para outra, aconteceram alterações nos textos. Informações contidas em uma versão foram excluídas de outra. Quanto menor o texto, menos informação disponível. A extensão do texto determinou o conteúdo e ditou as regras da redação.

No website do Ministério da Saúde, onde há espaço infinito, estava a versão longa e completa do texto. Nela constavam todas as informações disponíveis sobre os sintomas pós-covid. No Instagram, o texto encurtou e se tornou seletivo, sendo completado com uma série de quatro imagens informativas. O site preferiu tratar do assunto com um texto longo e o uso de apenas uma imagem. Percebeu? Uma mesma mensagem, duas formas de apresentação.

Há diferenças de formato e conteúdo mesmo entre duas redes sociais digitais. Que tal compararmos Instagram e LinkedIn?

O Instagram consagrou-se como uma rede de "amigos" para troca de informações. Começou apenas para troca de fotos e enveredou pelos textos. Nos posts, estão as viagens, os feitos, as dicas, as recomendações pessoais dos chamados influenciadores e dos anônimos também. Formou? Lá está a foto. Casou? Lá vai a foto. Há quem faça comentários políticos, apoie campanhas contra ou a favor disso e daquilo, mas proliferam mesmo as observações sobre a vida cotidiana e muita, muita campanha publicitária. Há frases feitas para levantar o humor de manhã e de noite e para curar corações magoados, dores de cotovelo e tristezas mil. Outra fonte inesgotável de fotos e vídeos são os bichinhos de estimação. E os *reels*? Tem para todos os gostos e estado de ânimo.

No LinkedIn, a conversa é outra. Fala-se de oportunidades de emprego, de cursos necessários para se dar bem nas empresas modernas, destaca-se o aspecto profissional da vida dos internautas. Há grupos de discussão sobre temas importantes para profissões específicas. O LinkedIn promove até o surgimento de grupos para *networking* profissional. Seguidores da rede recomendam os serviços de outros e postam avaliações de desempenho dos colegas. Nada de fofoca pessoal. O perfil parece um *curriculum vitae* dos antigos. Inclui dados como profissão, local de trabalho, escolas frequentadas, essas coisas.

E o LinkedIn e o Facebook? Quanta diferença! Se você também está presente no Face e no LinkedIn, compare as versões do seu perfil para as duas redes. Note as diferenças entre o que você posta em uma e em outra. Perceba que, mesmo sem querer, você usa palavras mais difíceis no LinkedIn e foto com cara de profissional para o perfil. Para o Face, você escolhe a foto mais engraçada, mais parecida com você quando está de férias. Compare e analise as duas versões de si mesmo. Por que isso acontece? Porque cada rede social tem cara e objetivos próprios. Na hora de escrever e se apresentar, os frequentadores se adaptam às exigências de cada uma delas.

A jornalista e escritora Dad Squarisi costumava dizer que textos devem vestir roupas apropriadas para cada ocasião. No Facebook, os textos vão de shorts e chinelo. No LinkedIn, envergam terno e gravata. O LinkedIn atende aqueles que querem entrar, manter-se e promover-se no mercado corporativo. O WhatsApp, onde mais se escreve hoje em dia, apesar da licença para uso de fotos, vídeos e gravações de voz, parece um LinkedIn com a gravata afrouxada. Muita gente usa a ferramenta para fazer negócios. Nesse aplicativo, a mensagem não tem tamanho específico, embora uma regra extraoficial diga que é bom escrever curto e direto, porque ninguém tem tempo a perder. É pá-pum mesmo.

Da mesma forma, essa lógica funciona quando comparamos determinada informação jornalística divulgada em mídias diferentes. Textos sobre um acontecimento entram nas páginas digitais à medida que acontecem e tendem a ser mais curtos, quase independentes entre si. Já a edição impressa dos jornais do dia seguinte costuma trazer textos consolidados, com começo meio e fim sobre o mesmo assunto. Isso acontece porque a versão digital de jornais e revistas e suas versões impressas têm objetivos diversos, embora tragam as mesmas notícias. A web persegue o imediatismo. É agora, já. As publicações diárias ou semanais impressas tentam ser mais completas e analíticas, porque chegam às mãos dos leitores horas ou dias depois dos acontecimentos. Assim, compensa-se o atraso em divulgar a informação com a entrega de material de melhor qualidade.

Como se vê, o ato de escrever está sujeito a várias interferências. Depende do perfil do destinatário, do espaço disponível para escrever, do objetivo da mensagem e das características do meio de transmissão. Há regras oficiais, como as estabelecidas pela ABNT para dissertações e teses, e empíricas, como as que vigoram entre os internautas das redes sociais.

A redação exigida pelo Enem segue padrões e normas estipulados pelos organizadores. Eles determinam o que é uma redação nota 1.000 no exame. Portanto, entendê-las e segui-las leva a um desempenho de sucesso no teste. Veja pelo lado bom. Sem regras, cada estudante escreveria o que quisesse na prova e a competição seria desigual. Um candidato se contentaria com um texto como o do X; outro, com um post igual ao do Instagram. Outros prefeririam uma longuíssima dissertação de mestrado. Aposto que haveria poemas, letras de música e trechos de romances. Como julgar redações assim? Como corrigir milhões de redações tão diferentes e atribuir-lhes uma nota? As redações devem ser escritas segundo um conjunto comum e preestabelecido de regras para testar e avaliar os conhecimentos dos candidatos da forma mais eficiente e justa possível para todos.

REDAÇÕES NOTA 1.000

O Exame Nacional do Ensino Médio mede o grau de conhecimento geral dos candidatos ao terminarem o ensino médio. Por meio de um complexo sistema de cálculos de desempenho, a prova avalia se o estudante está apto a cursar a universidade. Nota alta demonstra que o aluno conhece as matérias exigidas pelo Ministério da Educação no ensino médio. Nota baixa indica falhas na formação do participante.

Com essa avaliação na mão, os estudantes candidatam-se às vagas disponíveis nas universidades. Trata-se de uma competição: quem marca mais pontos na prova, sinal de que conhece bem as disciplinas do ciclo médio, sai na frente na lista dos selecionados pelas melhores universidades brasileiras. Em algumas faculdades, o resultado do Enem entra na conta geral para garantir o acesso à vaga. Em outras, o desempenho no exame **é** o passaporte para a entrada no curso. O resultado também ajuda candidatos carentes a obterem bolsas de estudos.

Nem todas as universidades aceitam as notas do teste como parte do processo de seleção de calouros. Entretanto, o número das que já o fazem vem aumentando à medida que a prova se mostra eficiente e eficaz para medir o conhecimento dos candidatos. Muitos erros e problemas foram registrados nos últimos anos durante a aplicação das provas, mas vêm sendo corrigidos.

Há muitos questionamentos e críticas ao conteúdo pedagógico do exame. Mas esses são temas para especialistas em Educação. Aos candidatos (pelo menos, para maioria deles) interessa mais obter a nota mais alta possível na prova para entrar na faculdade do que discutir o formato dela. Nessa altura de suas vidas, querem se formar logo, construir uma carreira e garantir um bom futuro.

O Enem avalia os participantes em quatro áreas do conhecimento – Linguagem, códigos e suas tecnologias e redação, Matemática e suas tecnologias, Ciências da Natureza e suas tecnologias e Ciências Humanas e suas tecnologias, para usar a descrição oficial do Inep. As provas são realizadas em dois finais de semana consecutivos. Em geral, a de redação acontece junto com as provas de Linguagem e Ciências Humanas. Isso significa que o candidato deve responder a 90 questões interpretativas, embora de múltipla escolha, e ainda escrever 30 linhas de texto em 5h30, uma maratona cansativa. Haja fôlego!

A composição vale 1.000 pontos. Como a nota final é uma média simples (soma-se o total de pontos em cada prova e divide-se por 5), a composição tem peso decisivo. Pode reforçar a posição de um estudante na média geral ou puxá-la para baixo. Além disso, algumas escolas atribuem peso maior ao desempenho no texto, caso de algumas faculdades de Jornalismo. O sistema de seleção rejeita candidatos com nota zero em redação. Dessa forma, quem faz o exame precisa se sair bem na prova de texto de qualquer jeito.

Escrever bem faz diferença no Enem. A redação tem-se mostrado eficiente instrumento para avaliar a capacidade dos jovens de pensar e se expressar, habilidades cada vez mais valorizadas no mundo competitivo do trabalho. Escrever bem hoje em dia é habilidade essencial para qualquer profissional, mesmo os formados em áreas tradicionais das Ciências Exatas, como Engenharia e Física. Espera-se dos jovens profissionais que escrevam relatórios corretos e claros sobre atividades, sejam capazes de falar para audiências diversas, publiquem artigos e estejam presentes nas redes sociais. O exame do Enem está em sintonia com essa tendência.

Como identificar uma redação nota 1.000? O Ministério da Educação criou um sistema complexo de correção das provas. Segundo esse sistema, definido pelo Inep, os corretores das redações devem avaliar o desempenho dos alunos em cinco competências. Cada uma delas recebe nota de 0 a 200, o que dá o total de 1.000 pontos possíveis nas redações. Redações nota 1.000 são aquelas em que um estudante se sai bem em todas as competências, apresentadas a seguir:

- Demonstrar domínio da modalidade escrita formal da língua escrita.
- Compreender a proposta de redação e aplicar conceitos das várias áreas de conhecimento para desenvolver o tema dentro dos limites estruturais do texto dissertativo-argumentativo em prosa.
- Selecionar, relacionar, organizar e interpretar informações, fatos, opiniões e argumentos em defesa de um ponto de vista.
- Demonstrar conhecimento dos mecanismos linguísticos necessários para a construção da argumentação.
- Elaborar proposta de intervenção para o problema abordado, respeitando os direitos humanos.

Vamos olhar para as competências exigidas pelo Enem de maneira simples, objetiva e global. O que os estudantes devem fazer para conseguir 1.000 pontos na prova de redação?

Escrever um texto gramaticalmente correto e compreensível

Apesar da divergência entre linguistas sobre o significado de corretamente, o Ministério da Educação fez uma escolha explícita pelo uso das normas cultas da língua portuguesa. Então, os candidatos devem escrever um texto segundo as regras gramaticais aprendidas na escola até o ensino médio. Em teoria, esse conhecimento deveria ser suficiente para capacitar os jovens a escreverem as 30 linhas de redação exigidas na prova sem erros, mas a prática mostrou outra realidade.

Boa parte dos candidatos tira nota baixa porque desconhece os princípios básicos de gramática. Muitos tendem a repetir no papel os vícios da linguagem oral. Trata-se de um dos erros mais frequentes nas provas. É proibido redigir de maneira informal, como se faz nas mensagens de WhatsApp, e incluir frases malucas cheias de sinais gráficos, abreviações e reticências no meio da composição. O Enem considera falta grave o uso de linguagem informal, aceitáveis nas conversas digitais.

Como vimos anteriormente, há vários estilos de texto, dependendo do assunto tratado e do destinatário da mensagem. O estudante deve demonstrar que conhece essas diferenças e escrever um texto como se estivesse numa entrevista de emprego. Em outras palavras: gramática correta, vocabulário diversificado (sem gírias, por favor) e construções sintáticas elaboradas.

Nada de gírias, brincadeiras, sinais gráficos, abreviações, palavrões e expressões politicamente incorretas no texto.

Ao mesmo tempo, para conseguir nota alta, o candidato deve escrever um texto inteligível, compreensível. Exige-se falar coisa com coisa; juntar lé com lé. Correção gramatical é fundamental, mas insuficiente. O texto tem que fazer sentido, ser lógico e coerente. O linguista Othon M. Garcia, no clássico livro *Comunicação em prosa moderna*, chama a atenção para frases gramaticalmente corretas, mas ininteligíveis. Como esta, criada pelo filósofo norte-americano Noam Chomsky:

Incolores ideias verdes dormem furiosamente.

Leia de novo, por favor. Perceba que o verbo combina com o sujeito, assim como os complementos. Todos os elementos gramaticais de uma frase estão presentes e no devido lugar. Mesmo assim, a frase é incompreensível. Ideias não têm cor. Portanto, não podem ser incolores ou verdes – muito menos apresentar as duas qualidades juntas. Se algo dorme, deveria ser pacificamente e não furiosamente, certo? A frase foi escrita de tal maneira que, apesar de seguir as regras da gramática formal, falha ao tentar transmitir uma ideia precisa ao leitor.

Alguém pode argumentar que a frase de Noam Chomsky tem sentido figurado ou transcendental, uma interpretação possível, mas o Enem rejeita textos assim. O aluno que quiser se sair bem na prova de redação deve escrever texto acadêmico e fugir dessa linha de interpretação.

Em seus livros, o professor Othon ensina que as frases devem apresentar duas qualidades básicas: gramaticalidade e inteligibilidade. Alguns erros gramaticais e de sintaxe são tão graves, diz ele, que comprometem a inteligibilidade dos textos, reduzindo-os a um comboio de palavras desconexas. Da mesma forma, a falta de inteligibilidade prejudica a compreensão do texto, mesmo que a estrutura siga à risca as normas gramaticais em vigor. Othon M. Garcia morreu em 2002, depois de muitos anos dedicados ao ensino da arte de escrever, mas as recomendações continuam válidas. O Enem concorda: texto nota 1.000 junta gramaticalidade e inteligibilidade.

Em março de 2013, as regras de correção das redações mudaram, porque alguns erros de gramática (especialmente, de grafia) foram encontrados em textos com nota máxima. Houve uma gritaria geral contra os corretores, que teriam deixado passar erros graves. Redações nota 1.000 deveriam ser perfeitas. Provavelmente, os corretores entenderam que aqueles erros gramaticais pouco comprometiam a inteligibilidade do texto e mereciam ser ignorados. Seja qual for a razão, perderam a batalha. O Ministério da Educação decidiu que a correção gramatical deve ser rigorosa. Qualquer erro é descontado da nota. Está mais difícil tirar 1.000.

Entender o tema central da redação proposto na prova

Trata-se do maior desafio apresentado aos estudantes. Afinal, se o aluno não souber sobre o que escrever, como vai escrever alguma coisa? Muito menos, alguma coisa inteligente. Infelizmente, a maior parte das redações desclassificadas ou mal avaliadas ignora o tema proposto na prova. O enunciado pede uma coisa, mas o candidato escreve sobre outra, o que equivale a tirar zero. Outros, na incerteza e na dúvida, entram em pânico e deixam a página em branco – zero. Outro número grande de candidatos aborda o assunto geral, mas foge do tema principal, perdendo pontos preciosos. Muitos copiam trechos dos textos motivadores, uma proibição explícita das regras do exame.

Nos capítulos seguintes deste livro, veremos técnicas para decifrar o tema embutido no enunciado das provas.

Responda esta questão em uma frase: qual é o tema sobre o qual o Enem quer que eu escreva?

Os corretores das redações costumavam ser bonzinhos nesse quesito. Eles analisavam as redações como um todo. Se a composição tratasse do assunto geral, embora se distanciasse do tema específico, tudo bem. Pequenos desvios eram tolerados. A alegria durou pouco. Em 2012, pelo menos duas redações com trechos absurdos, fora do contexto dos temas, receberam notas altas. Um dos estudantes escreveu uma receita de macarrão. Outro incluiu um parágrafo com o hino de um time de futebol. Ambos se saíram bem, embora não tenham tirado nota máxima, porque as dissertações tratavam do tema geral.

Para evitar problemas como esses, o Ministério da Educação modificou também os critérios de correção do conteúdo das provas. A partir de 2013, além de passar por maior rigor gramatical, tolices como receitas de bolo, hinos e outros absurdos de conteúdo insertados na composição levam zero sem choro nem vela. Adeus, brincadeiras.

Criar uma dissertação argumentativa

Essa tarefa exige duas habilidades ao mesmo tempo: o aluno deve conhecer o formato de uma dissertação argumentativa e ter conhecimentos suficientes para escrevê-la. Em outras palavras: o candidato deve conhecer forma e conteúdo desse tipo de composição. Ah, esses dois amigos andam sempre juntos. São inseparáveis. Afinal, como argumentar sem saber sobre o que discutir? E, tendo esse conhecimento, como escrever sem conhecer a estrutura correta do texto?

Não fique só jogando na internet ou navegando pelas redes sociais. Leia e ouça notícias. Isso ajuda você a construir conhecimento para usar na redação.

Escrever um texto no formato dissertativo-argumentativo exige informação sobre diferentes tipos de redação e sobre como são organizados. Trata-se de demonstrar familiaridade com técnicas de escrita acadêmica. A forma dissertação argumentativa costuma ser utilizada em artigos de jornais e de publicações científicas especializadas. Segue modelo tradicional de organização das ideias em que o autor deve defender um ponto de vista e apresentar argumentos para sustentá-lo.

Em 2012, a prova pediu aos estudantes que escrevessem sobre a imigração para o Brasil no século XXI. Para demonstrar conhecimento sobre o assunto, a maior parte das redações nota 1.000 mencionava outras ondas migratórias ocorridas no passado, como a dos africanos e dos europeus. Informações como essas fazem parte – ou deveriam fazer – do conhecimento global dos alunos, aquele adquirido em aulas de História do Brasil, em leituras individuais, viagens e visitas a museus. Acumulados ao longo da vida, esses elementos dão solidez e consistência à escrita sobre os dias atuais. Os examinadores esperam encontrar esse conhecimento aplicado ao tema da prova.

Nem pense em inovar no formato do texto. Escreva uma dissertação argumentativa tradicional.

Sugerir intervenções sociais

Trata-se de outra pedra no caminho dos candidatos à universidade. Boa parte deles sofre do efeito dominó: sem conseguir definir e delimitar o tema da redação, mal consegue elaborar a tese e encontrar o problema social embutido na questão. Dá nó na cabeça. Sem essas informações de base, quem consegue propor alguma coisa viável? Por isso, os candidatos precisam ter conhecimentos prévios sobre temas contemporâneos e opiniões sobre eles.

O próprio tema solicitado costuma ser uma questão social. Na prova de 2016, foram duas propostas, a primeira era a intolerância religiosa no Brasil e a segunda era o racismo no país. Na de 2017, o debate envolvia a formação educacional de surdos. Em 2020, em plena pandemia de covid-19, houve duas aplicações da prova. Em uma delas, pedia-se aos concorrentes que discutissem o estigma associado às doenças mentais e, na outra, que argumentassem sobre como reduzir as desigualdades entre as regiões brasileiras. Em 2021, a prova pediu uma dissertação sobre a falta de acesso dos cidadãos aos documentos oficiais e, portanto, aos seus direitos fundamentais. Como resolver essas questões sociais? – perguntava o enunciado. Dá para perceber que, em todas as redações, os alunos foram estimulados a encontrar soluções, saídas, para chagas da vida brasileira.

Ao propor intervenções sociais, o aluno deve ficar atento a um detalhe importante. O Enem exige que as sugestões "respeitem os direitos humanos". Isso significa que os corretores estão orientados a desclassificar dissertações cujas propostas sejam discriminatórias e preconceituosas. Assim, caro leitor, seja politicamente correto, resistindo à tentação de usar ironias e cinismo.

Conhecer os assuntos mais polêmicos da atualidade

Acrescentamos à lista do Enem a competência acima, porque um concorrente só conseguirá atender todas as demais se contar com uma ferramenta especial – conhecimento geral sobre assuntos contemporâneos. A arte de escrever, apresentar uma tese, argumentar e sugerir soluções para questões sociais exige conjunto de informações adquiridas antes da prova.

Quem quiser chegar perto da nota máxima precisa ir além das salas de aula, pois está claro que o teste avalia o conhecimento do jovem candidato como um todo. Os candidatos devem ler mais, viajar mais, ir mais ao cinema, ver exposições de arte – há muitas gratuitas –, participar de debates, discutir temas polêmicos com amigos. Precisam, enfim, estar informados sobre tudo o que acontece no Brasil e no mundo.

Como fazer isso? Só tem um jeito: acompanhar o noticiário diário em jornais, rádios, televisão e internet. Lá estarão os especialistas analisando os temas mais importantes do momento. Eles são fontes de argumentos para dissertações. Suas observações ajudam os estudantes a formarem opiniões próprias e a criarem ideias para intervenções sociais. Recomenda-se ainda a leitura de livros sobre temas contemporâneos ou históricos. Esses livros fornecem contextualização impossível em textos curtos.

Tenha em mente que o esforço para se sair bem na prova do Enem é coisa para meses de estudos. Redação nota 1.000 resulta do acúmulo de conhecimentos da vida toda.

A PROVA: FORMA E CONTEÚDO

Quando abriu a prova de 2022, o estudante encontrou a seguinte proposta de redação:

> A partir da leitura dos textos motivadores e com base nos conhecimentos construídos ao longo de sua formação, redija um texto dissertativo-argumentativo em modalidade escrita formal da língua portuguesa sobre o tema "Desafios para a valorização de comunidades e povos tradicionais no Brasil", apresentando proposta de intervenção que respeite os direitos humanos. Selecione, organize e relacione, de forma coerente e coesa, argumentos e fatos para defesa de seu ponto de vista.

Quem nunca viu uma prova dessas antes leva um susto. O enunciado mistura informações complexas que determinam forma e conteúdo do texto a ser escrito pelo candidato. Forma? Conteúdo? Calma. Vamos dissecar e entender a prova de redação.

O enunciado contém duas orientações básicas. Uma delas indica sobre **o que** o aluno deve escrever. Ou seja, determina o conteúdo, o assunto, a temática do texto. Outra explica **como** ele deve escrever, ou seja, especifica o formato da composição. Difícil de entender? Então, compare essa composição com um quadro pendurado na parede. O trabalho do artista corresponde ao conteúdo. Pode ser um retrato de mulher, uma paisagem ou um desenho geométrico. A técnica usada para realizar o trabalho (pintura a óleo, desenho, fotografia) é a forma como o quadro foi feito.

O Enem exige composição em forma de dissertação argumentativa de, no máximo, 30 linhas e, no mínimo, 7. O tema varia de ano para ano, mas aparece de forma explícita no enunciado. Em 2022, o tema era "Desafios para a valorização de comunidades e povos tradicionais no Brasil". Enquanto um artista plástico pode escolher entre reproduzir uma paisagem e retratar uma pessoa, o aluno precisa obedecer às regras. Quem se afasta da proposta oficial acaba desclassificado. Quem desrespeita o formato tira zero. Quem fica no meio do caminho perde pontos.

Se você prestou atenção na proposta de redação reproduzida neste capítulo, encontrou menção a elementos que ainda não havia aparecido por aqui – os textos motivadores. São artigos de jornais e da internet, trechos de livros e ilustrações de todo tipo – mapas, quadrinhos e desenhos – que acompanham o enunciado. Uma das antigas provas trazia letras de música, por exemplo. Esse material, como o próprio nome diz, tem como função motivar, estimular, provocar, a reflexão do aluno sobre vários aspectos do tema.

Um dos textos motivadores de 2022, que estamos usando como modelo, explicava aos concorrentes o significado de comunidades e povos tradicionais. Assim:

Texto I

Você sabe quais são as comunidades e os povos tradicionais brasileiros? Talvez indígenas e quilombolas sejam os primeiros que passam pela cabeça, mas, na verdade, além deles, existem 26 reconhecidos oficialmente e muitos outros que ainda não foram incluídos na legislação.
São pescadores artesanais, quebradeiras de coco babaçu, apanhadores de flores sempre-vivas, caatingueiros, extrativistas, para citar alguns, todos considerados culturalmente diferenciados, capazes de se reconhecerem entre si [...].

O texto completa o tema "Desafios para a valorização de comunidades e povos tradicionais no Brasil". A leitura combinada do tema e do Texto I ajudava o aluno a entender a proposta da redação, sugerindo comunidades sobre as quais escrever. Muitas provas seguem esse esquema. Enquanto o tema oficial aponta um assunto amplo, os textos complementares oferecem ideias para uma abordagem mais específica da questão, ou seja, dão foco ao tema. Juntos, tema e textos motivadores indicam sobre **o que** o aluno deve escrever.

Voltemos ao exemplo prático de 2022. Havia mais informações à disposição do estudante entre os textos motivadores:

Texto IV

Carta da Amazônia 2021

Aos participantes da 26ª Conferência das Nações Unidas sobre Mudanças Climáticas (COP26)
Não poderia ser mais estratégico para nós, Povos Indígenas, Populações e Comunidade Tradicionais brasileiras, reafirmarmos a defesa da sociobiodiversidade amazônica neste momento em que o mundo volta a debater a crise climática na COP26. Uma crise que atinge, em todos os contextos, os viventes da Terra!

> Nossos territórios protegidos e direitos respeitados são as reivindicações dos movimentos sociais e ambientais brasileiros.
> Não compactuamos com qualquer tentativa e estratégia baseada somente na lógica do mercado, com empresas que apoiam legislações ambientais que ameaçam nossos direitos e com mecanismos de financiamento que não condizem com a realidade dos nossos territórios.
> Propomos o que temos de melhor: a experiência das nossas sociedades e culturas históricas, construídas com base em nossos saberes tradicionais e ancestrais, além de nosso profundo conhecimento da natureza [...].

O texto acima era um presente aos inscritos daquele ano, pois explicitava o ponto de vista dos povos tradicionais sobre o tema, orientando de forma precisa o caminho para a redação.

A leitura cuidadosa da proposta e dos textos motivadores faz isso: amplia as informações sobre o tema e têm como propósito inspirar os participantes na escrita da composição. Conteúdo (qual é o tema?) e forma (dissertação argumentativa) são indissociáveis. Um influencia o outro, um processo igualzinho ao de escrever um post na internet, como vimos lá no início do livro: uma rede social obriga o autor a ser objetivo e direto, porque são apenas 280 toques de texto, enquanto um blog não tem espaço determinado. Já uma dissertação de mestrado é longa, mas tem de ser formal e científica. Cada texto no seu galho, lembra? O enunciado da prova de redação faz exatamente isso: diz o que e como o aluno deve escrever – uma dissertação argumentativa de 30 linhas. Se quiser tirar nota 1.000, melhor obedecer.

Qual é o tema?

As principais características da prova de redação estavam presentes já na primeira edição de 1998. Era assim:

REDAÇÃO

O que é o que é

[...]
Viver
e não ter vergonha de ser feliz.
Cantar e cantar e cantar
a beleza de ser um eterno aprendiz.
Eu sei
que a vida devia ser bem melhor
e será.
Mas isso não impede que eu repita
É bonita, é bonita e é bonita.
Luiz Gonzaga Júnior (Gonzaguinha)

Redija um texto dissertativo sobre o tema "Viver e Aprender", no qual você exponha suas ideias de forma clara, coerente e em conformidade com a norma culta da língua, sem se remeter a nenhuma expressão do texto motivador "O que é o que é". Dê um título à sua redação, que deverá ser apresentada a tinta e desenvolvida na folha anexa ao cartão-resposta.

Sério? Só isso? Só. Naquela época, a prova apresentava um tema central, bastante amplo e genérico ("Viver e Aprender"), e um texto de apoio (a música de Gonzaguinha). Os dois elementos do enunciado defendiam a mesma ideia abrangente – a vida equivale a um aprendizado contínuo. O teste pedia apenas uma dissertação.

A partir do conceito amplo do tema, o aluno tinha liberdade para escrever sobre o que quisesse. Poderia destacar, por exemplo, a importância da escola pública na vida das crianças e nas escolhas profissionais futuras. Ou defender a experiência prática de vida como um aprendizado mais útil do que o das salas de aula. Havia várias formas de abordagem do mesmo assunto, todas válidas.

Nem sempre a abrangência do tema significou liberdade para dissertar. Em 1999, o tema parecia amplo: "Cidadania e Participação Social". Para acompanhá-lo, a prova incluía material motivador com uma mensagem clara: o candidato deveria escrever sobre a importância da participação dos jovens na vida política e social do país.

A versão de 2005 seguiu o mesmo formato. O tema era "O trabalho infantil na realidade brasileira". Havia farto material complementar tratando das condições de trabalho desumanas a que são submetidas muitas crianças no país. Constava desse material a reprodução de um artigo do Estatuto da Criança e do Adolescente. Como se vê, o tema era abrangente, mas os textos complementares conduziam o estudante a escrever um texto crítico ao trabalho infantil.

Os temas ficaram mais específicos ao longo do tempo. Houve ano em que parecia teste de múltipla escolha. Aconteceu em 2008. Este era o tema:

> Como preservar a floresta Amazônica: suspender imediatamente o desmatamento; dar incentivos financeiros a proprietários que deixarem de desmatar; ou aumentar a fiscalização e aplicar multas a quem desmatar. Escolha uma dessas ações e, a seguir, redija um texto dissertativo ressaltando as possibilidades e as limitações da ação escolhida.

Conforme o enunciado, cabia ao aluno escolher uma das respostas e apresentar justificativas. Era quase uma camisa de força. O candidato ficava proibido de discordar das propostas ou de sugerir alternativa. Como apoio, textos reforçavam a necessidade de preservação da floresta. Note que o enunciado pedia apenas texto dissertativo.

Só no ano seguinte, a prova adquiriu o jeitão atual, com a demanda por dissertação argumentativa. A introdução de apenas uma palavrinha mudou a estrutura da composição.

Também pela primeira vez, o enunciado exigia um texto de 30 linhas. Nas primeiras edições, pedia-se uma composição de, pelo menos, 7 linhas, sem mencionar limites. Mais tarde, o enunciado passou a pedir redações de 15 linhas. Em 2009, o tamanho atual foi sacramentado.

Outra característica marcante desde então é a exigência de apresentação de proposta de solução para problemas sociais, respeitando-se os direitos humanos. Essa exigência aparece desde 2000. Redações que descumprem essa exigência podem ser desclassificadas. Aqui, cabe uma pergunta: estudantes tão jovens estão preparados para resolver problemas tão complexos da vida brasileira? Dá só uma olhada nos temas de redação propostos até hoje:

2023 Desafios para o enfrentamento da invisibilidade do trabalho de cuidado realizado pela mulher no Brasil

2022 Desafios para a valorização de comunidades e povos tradicionais no Brasil

2021 Invisibilidade e registro civil: garantia de acesso à cidadania no Brasil

2020 Versão impressa: O estigma associado às doenças mentais na sociedade brasileira. Versão digital: O desafio de reduzir as desigualdades entre as regiões do Brasil

2019 Democratização do acesso ao cinema no Brasil

2018 Manipulação do comportamento do usuário pelo controle de dados na internet

2017 Desafios para a formação educacional de surdos no Brasil

2016 1ª Aplicação: Caminhos para combater a intolerância religiosa no Brasil. 2ª Aplicação: Caminhos para combater o racismo no Brasil

2015 A persistência da violência contra a mulher na sociedade brasileira

2014 Publicidade infantil em questão no Brasil

2013 Efeitos da implantação da Lei Seca no Brasil
2012 O movimento imigratório para o Brasil no século XXI
2011 Viver em rede no século XXI: os limites entre o público e o privado
2010 O trabalho na construção da dignidade humana
2009 O indivíduo frente à ética nacional
2008 Como preservar a floresta Amazônica: suspender imediatamente o desmatamento; dar incentivos financeiros a proprietários que deixarem de desmatar; ou aumentar a fiscalização e aplicar multas a quem desmatar
2007 O desafio de se conviver com as diferenças
2006 O poder de transformação da leitura
2005 O trabalho infantil na sociedade brasileira
2004 Como garantir a liberdade de informação e evitar abusos nos meios de comunicação
2003 A violência na sociedade brasileira: como mudar as regras desse jogo
2002 O direito de votar: como fazer dessa conquista um meio para promover as transformações sociais que o Brasil necessita?
2001 Desenvolvimento e preservação ambiental: como conciliar os interesses em conflito?
2000 Direitos da criança e do adolescente: como enfrentar esse desafio nacional
1999 Cidadania e participação social
1998 Viver e aprender

Resolver um desses problemas em 1 hora, tempo mínimo para escrever a redação, e 30 linhas de texto equivale a salvar o mundo com varinha de condão. Como resultado, a maioria das propostas incluídas nas redações sugere ações genéricas e politicamente corretas, apesar dos apelos nos enunciados para os alunos apresentem ideias concretas.

Em geral, os candidatos apresentam como solução implantação de políticas financiadas pelo poder público, principalmente, programas de educação. Veja dois exemplos de sugestões de problemas sociais de redações nota 1.000 de 2020, cujo tema era "Democratização do acesso ao cinema no Brasil":

> Dessa forma, pode-se perceber que o debate acerca da democratização do cinema é imprescindível para a construção de uma sociedade mais igualitária. Nessa lógica, é imperativo que o Ministério da Economia destine verbas para a construção de salas de cinema, de baixo custo ou gratuitas, nas periferias brasileiras por meio da inclusão de seu objetivo na base de Diretrizes Orçamentárias, com o intuito de democratizar o acesso à arte. Além disso, cabe às instituições de ensino promover passeios aos cinemas locais, desde o início da vida escolar das crianças, mediante autorização e contribuição dos responsáveis, a fim de desconstruir a ideia de elitização da cultura, sobretudo em regiões carentes. Feito isso, a sociedade brasileira poderá caminhar para completude da democracia no âmbito cultural.
>
> * * *
>
> Sendo assim, cabe ao Governo Federal direcionar recursos para regiões marginalizadas do eixo vanguardista brasileiro, por meio da definição de uma agenda econômica que democratize o acesso à cultura, a fim de promover o desenvolvimento sociocultural igualitário dos cidadãos. Além disso, cabe ao Ministério da Educação promover palestras, em associação com a indústria cinematográfica, bem como incentivar a produção de curtas-metragens, no intuito de conscientizar os brasileiros sobre o direito de acesso à cultura e sobre o papel do cinema na emancipação individual das amarras sociais. Assim, a construção da cidadania será facilitada e os fabianos [referência ao personagem principal do romance *Vidas secas*, de Graciliano Ramos] se tornarão, de fato, cidadãos plenos.

A dissertação argumentativa

Texto exigido desde 2009, a dissertação argumentativa costuma ser utilizada em dissertações de mestrado e teses de doutorado. Também aparece com frequência em artigos e editoriais publicados por jornais e revistas. Veja só este trecho do editorial do jornal *Folha de S. Paulo*. Publicado no dia 18 de março de 2013, o tema continua atual:

Enchente de prejuízos

Se fora da temporada de chuvas a cidade de São Paulo já maltrata sua população com as graves falhas de infraestrutura, a situação aproxima-se do colapso nos meses de verão quando temporais se tornam mais e mais rotineiros. Até 1970, chuvas de 80mm num só dia eram raras, na média uma por década; de 2001 a 2010, foram nove.

O dano vai muito além do desconforto pessoal. Toda a sociedade perde, inclusive no aspecto econômico: enchentes e alagamentos causam prejuízo de mais de R$ 792 milhões por ano, calcula estudo da Faculdade de Economia, Administração e Contabilidade da USP que considerou perdas de empresas diretamente afetadas e seus reflexos em várias cadeias de produção.

[...]

A prefeitura precisa atuar com mais prontidão. Que se criem grupos de resposta rápida a desastres; que se apresentem cronogramas de obras para preveni-los; que a população perceba os esforços para minimizar o drama cotidiano. Se não reagir, São Paulo afundará na perda progressiva de qualidade de vida e de competitividade.

O que esse texto tem de especial? Ele expressa uma opinião. Enquanto uma *descrição* apresenta detalhes de personagens e acontecimentos, uma *narração* conta uma história e uma *dissertação* relata fatos e dados de forma científica, a *dissertação argumentativa* defende uma ideia – e a justifica com argumentos sólidos e consistentes. Daí o nome *dissertação argumentativa*.

Vamos entender a diferença entre estilos de texto por meio de exercícios práticos de redação – experimente, faça um esforço, escreva. Imaginemos um acidente de carro. Um veículo atravessou o sinal vermelho em um cruzamento e bateu em outro carro, que seguia na rua transversal. Como ambos os veículos estavam em baixa velocidade, nenhum dos passageiros se feriu e os danos foram apenas materiais. Você viu a ocorrência da janela do seu apartamento. Foi testemunha e pode relatar os fatos de diferentes maneiras.

A primeira forma de escrever sobre esse fato segue o modelo descritivo. Uma boa amostra desse formato de texto são os boletins de ocorrência de acidentes de trânsito das polícias civis estaduais. Em quase todos os estados, os cidadãos podem informar digitalmente um acidente sem vítimas fatais. Se você tivesse que relatar o acidente à polícia, o que você diria? Certamente, você forneceria dados objetivos do caso: onde ocorreu? Quando? A que horas? Quantos veículos estavam envolvidos? Quantas pessoas estavam nos veículos? Houve vítimas? Ofereceria fatos e detalhes da ocorrência. Afinal, trata-se exatamente de um boletim de ocorrência.

Faça um exercício: escreva sobre o que você testemunhou naquele dia da janela do seu apartamento com dados do boletim de ocorrência. O resultado desse trabalho será uma redação **descritiva**. Nela, você assume uma posição distante – indiferente até – do acontecimento. Ao escrever, você não precisa se preocupar em provar qual dos dois motoristas foi responsável pelo acidente ou analisar a qualidade do atendimento policial. Em uma descrição, você apenas testemunha, observa, os fatos.

Jornalistas usam a técnica descritiva no dia a dia profissional. Repórteres visitam o local onde notícias acontecem para atuar como "testemunhas" dos fatos e descrever o que viram. Se estivesse acompanhando o mesmo acidente de carro que você, o jornalista deveria fornecer detalhes dos veículos envolvidos, das condições das vítimas, do cenário onde ocorreu. O leitor, distante dos fatos, poderia então tomar conhecimento das informações sobre o acidente por meio dos olhos do jornalista.

Leia esta reportagem sobre a abertura da Copa do Mundo de 2014 no Brasil, publicada pela Agência Brasil no dia 12 de junho:

> A cerimônia de abertura da Copa do Mundo fez uma homenagem às riquezas naturais e à cultura do Brasil. Durante 25 minutos, a cerimônia, no gramado da Arena Corinthians, apresentou três "grandes tesouros brasileiros": a natureza, as pessoas e o futebol brasileiro. O evento teve a participação de 660 pessoas. Muitos torcedores ainda entravam no estádio quando o evento teve início, às 15h15 [...].
>
> O elemento central da cerimônia era um globo, localizado no centro do gramado, com mais de 90 mil *clusters*, equipamento que emite luzes de várias cores e imagens.
>
> O evento começou com um imenso tapete onde se lia a mensagem *Welcome to Brazil* (Bem-vindo ao Brasil). Bailarinos e voluntários caracterizados como árvores e flores, lembrando a natureza, abriram o evento. Índios em canoas percorreram o cenário. No início, parte do público teve dificuldade em ouvir as músicas. Mas após cinco minutos, houve melhora e o som passou a funcionar de maneira adequada.
>
> No segundo ato, que lembrava as pessoas, o modo de vida, a diversidade e a paixão pela música e dança, entraram as baianas, os capoeiristas, os gaúchos e dançarinos de frevo e do forró.
>
> Na terceira parte, para celebrar o futebol, o globo virou uma bola e passou depois a exibir as bandeiras dos 32 países que vão participar da Copa. Os dançarinos e voluntários viraram jogadores e entraram no gramado com bolas presas aos pés, simulando fazerem embaixadas. Uma imensa bandeira do Brasil foi exibida.
>
> No final, o globo virou um palco e a cantora Claudia Leitte entrou cantando um trecho de *Aquarela do Brasil*. Em seguida, o rapper Pitbull, vestindo uma camisa da Seleção Brasileira, as cantoras Jennifer Lopes e Claudia Leitte cantaram a música tema da Copa: *We Are One*, para encerrar o evento.

A descrição acima resume o **que** aconteceu. O autor respondeu a uma pergunta simples: o quê? Note como a reportagem descreve a abertura do espetáculo, os efeitos de luz usados durante a cerimônia, os nomes dos cantores e outros participantes. Como fez Pero Vaz de Caminha (lembra-se dele? O escritor que acompanhou a chegada dos portugueses ao Brasil) ao desembarcar em terras brasileiras pela primeira vez e avistar a população que foi à praia observar a chegada do navio português. Eis o que ele viu:

> Eram pardos, todos nus, sem coisa alguma que lhes cobrisse suas vergonhas. Nas mãos traziam arcos com suas setas. Vinham todos rijos sobre o batel; e Nicolau Coelho (o comandante do navio) lhes fez sinal que pousassem os arcos. E eles os pousaram.

Uma redação descritiva pode ser infinita. A partir do cenário do acidente, é possível alargar as descrições. Faça mais este exercício, ampliando a composição anterior. Descreva o cenário ao redor, desde a rua até a cidade e o país onde ocorreu o acidente. E os pedestres que caminhavam naquele momento, as características dos prédios, as árvores da rua, as condições climáticas, a limpeza ou sujeira do lugar, a cor do céu. Era dia ou noite? Quanto mais detalhes forem incluídos, mais precisa e rica a descrição se torna. Quem lê sente-se transportado para aquele cenário. Assim, trata-se também de um exercício de observação do mundo.

Agora, você pode passar para outro tipo de composição. Não se trata mais de descrever o que você viu, mas de contar histórias relacionadas ao que aconteceu. Você irá criar uma **narrativa**, algo como brincar de Deus. Algumas religiões acreditam que Deus sabe tudo sobre os homens, inclusive pensamentos e sentimentos. Então, façamos como Ele, imaginando um enredo para aquele acontecimento – o acidente de carro. Vamos inserir os fatos num contexto. Hein? Você já vai entender o significado de contexto.

Crie uma história para aquele dia. Vamos imaginar: talvez o motorista que atravessou o sinal vermelho estivesse atrasado para uma entrevista de emprego. Na pressa, ignorou o sinal e bum, bateu no carro que seguia na via transversal. Sim, era um trabalhador. Não? Tentemos outra versão. Quem sabe era um pai atrasado para o funeral do filho? Trágico demais para uma composição de jovens estudantes. Poderia ter sido apenas alguém (Homem? Mulher? Jovem? Idoso?) distraído ao mudar as estações do rádio no painel do carro. Atravessou o sinal vermelho sem perceber. Simples demais? Pode ser, mas acontece na vida real.

A motorista (a essa altura, já decidimos que a primeira personagem é mulher) dirigia distraída ao volante, embalada pela música suave do rádio. Ela cantarolava baixinho junto com o rádio. Era uma mulher de seus 50 anos, bem conservada, de rosto com poucas rugas e cabelo com mechas douradas. A música levou-a a pensar no primeiro namorado, de quem se separou há 30 anos. Brigaram por motivo banal. Aquela tinha sido a música deles. Por isso, ela cantarolava. Naquele momento, sozinha no carro, ela sentiu saudades do passado.

Para espantar as imagens nostálgicas da juventude, resolveu trocar de estação de rádio. Inclinou-se para mexer no botão do painel do carro, olhou para baixo e bateu no outro veículo. Aqui ignoramos se ela passou o sinal vermelho ou se foi o outro motorista. Sabemos apenas que ela tirou os olhos da pista. Nessa narração, contamos a história dos personagens e do acidente.

Bem, a tarefa de escrever sobre o segundo motorista e o que fazia naquele dia naquele cruzamento fica com você. Nosso segundo (está decidido que o motorista do segundo carro é homem) personagem poderia estar indo para um encontro de negócios decisivo. E se fosse um encontro amoroso? Ele teria perdido o amor de sua vida? Ou era o primeiro encontro com alguém conhecido pela internet?

Pouco importa. Crie o seu enredo para o acidente e escreva uma **narração**. Esse texto relata **como** aconteceu o acidente e **quem** esteve envolvido. Observe que narrações contêm muitos elementos além da descrição de fatos, como se um não pudesse existir sem o outro. Reportagens de jornal e revistas costumam ser mais objetivos quando descrevem um acontecimento, mas também usam elementos de narração para dar vida e emoção à escrita.

Já o terceiro gênero de composição, **a dissertação**, parece obra de cientista. Nesse caso, você, o autor, é um especialista no assunto tratado no texto. Retomemos o acidente de carro como tema. Ao dissertar sobre esse assunto, você deve saber tudo sobre acidentes de carro – como acontecem, onde acontecem, horários, causas. Na prática, você vai dissecar o episódio. Recomenda-se que apresente estatísticas e aponte estudos de outros especialistas sobre o assunto. A dissertação pura segue esse modelo: apresenta um tema até esgotá-lo sem julgamentos.

Um texto sobre aquele acidente de carro transcreveria o relatório técnico da polícia, onde está registrado como tudo aconteceu. Incluiria o relatório da companhia de seguros sobre o acidente, se possível. Além disso, traria depoimentos das testemunhas. Quem disse o quê? Calma. Você não precisa dizer quem está com a razão sobre o acidente, porque o trabalho na dissertação consiste em apresentar todas as versões, sem defender uma ou outra. Seja firme – apenas apresente os fatos.

Entretanto, o Enem pede mais do que uma dissertação. O enunciado pede **dissertação argumentativa**. Se você procurar no dicionário, verá que o verbo argumentar, de onde vem o adjetivo "argumentativo", significa opinar, tomar partido, convencer, influenciar. Enquanto a dissertação pura consiste num texto científico em que o autor apresenta os fatos e versões sobre uma ideia ou acontecimento, o texto argumentativo contém tudo isso mais uma posição, uma opinião, uma ideia, uma afirmação – vá lá, uma tese. Requer trabalho dobrado. O autor se coloca como participante da história em vez de testemunha, defendendo uma ideia.

Ainda usando como o exemplo o acidente de trânsito, para escrever uma dissertação argumentativa, você teria de dizer quem foi o responsável pela colisão. Sim, você teria de apostar numa versão. Oferecer uma tese. Pelo nosso roteiro até agora, o culpado mais provável seria a primeira motorista, que tirou os olhos da rua ao se abaixar para trocar a estação do rádio do carro. Será? O culpado poderia ter sido o outro motorista? Ele poderia ter avançado o sinal vermelho por distração e acertado a moça no exato momento em que ela olhava para o rádio. Trata-se de uma possibilidade. Então, o que você acha?

Escreva um texto para defender uma opinião. Quem desrespeitou o sinal vermelho foi o homem apressado ou a mulher nostálgica? Qual a sua versão? Ao fazer isso, você precisa responder a uma questão fundamental – por quê? Por que você acredita nessa versão? O que te dá tanta certeza? Responda, mas responda com evidências. Apresente fotos, desenhos, mapas, documentos e depoimentos das testemunhas do acidente.

Preste atenção: diferentemente de uma dissertação simples, em que o autor apresenta todos os fatos sobre um tema até esgotá-lo, a argumentativa mostra apenas alguns fatos. Quais? Aqueles favoráveis à tese. Se você disser que a senhora nostálgica foi a responsável pelo acidente, inclua depoimentos das testemunhas que concordem com essa versão. Apresente o relatório de polícia que conta como a mulher se distraiu ao mudar a estação de rádio no painel do carro. Se, ao contrário, o culpado pelo acidente for o homem, apresente provas contra ele.

Existe ainda outro tipo de argumentação no meio acadêmico – a desconstrução de uma tese. O estudante pode refutar, rejeitar, contestar, uma afirmação. Nesse caso, os argumentos apresentados seguem caminho inverso. Eles são apresentados para desacreditar uma tese. Digamos que tenhamos descoberto erros no boletim de ocorrência da polícia sobre o nosso acidente de carro. Digamos que os policiais tenham apontado o homem como responsável pela colisão, mas estejamos convencidos de que foi a mulher. O que fazer? Derrubar a versão policial com as mesmas armas de antes – provas, informações científicas, depoimentos, testemunhos.

Bem se vê por que os organizadores escolheram o formato argumentativo para a redação: ele explora várias habilidades ao mesmo tempo. Para escrever bem e tirar nota 1.000, os concorrentes precisam conhecer diferentes estruturas de texto, ter opiniões firmes e saber argumentar em favor ou contra uma tese – tudo em 30 linhas. Parece difícil? Vamos aprender juntos a fazer isso no próximo capítulo.

COMO ESCREVER

COMEÇO, MEIO E FIM

A dúvida principal, aquela que deixa todo mundo em pânico diante de uma página em branco na hora de redigir, é: por onde começar? Ora, pelo começo. Uma dissertação argumentativa tem começo, meio e fim – nessa ordem. Em palavras acadêmicas, isso quer dizer que primeiro vem a introdução, o começo; em seguida, o desenvolvimento das ideias; e, para terminar, a conclusão. A cada uma das partes dessa estrutura corresponde a um conteúdo específico. Assim:

- 1ª Parte: introdução (apresentação do tema e da tese, a sua opinião sobre o assunto).
- 2ª Parte: desenvolvimento (argumentos para sustentar a tese).
- 3ª Parte: conclusão (resumo e proposta de intervenção social).

Então, por onde começar? Pela introdução. O início do texto, a introdução, equivale a um anúncio, uma prévia do que o leitor vai encontrar nos parágrafos seguintes; uma espécie de trailer. No cinema, trailers de filmes funcionam do mesmo jeito: mostram algumas cenas curtas para dar uma ideia geral do filme. Se for bom, mais gente vai ao cinema no fim de semana seguinte ver o filme inteiro. Com as dissertações, acontece o mesmo. Se a introdução for atraente, instigante, interessante, os leitores vão até o fim do texto.

O tamanho da introdução varia muito. Se for muito longo, conta a história toda, cansa a galera e fica chato. Se for curto demais, deixa a desejar. Então, manda o bom senso que a introdução tenha dois parágrafos – curtos. A maior parte dos candidatos escreve a introdução em apenas um.

Quer ver introduções nota 1.000? Preste atenção no trabalho da estudante Fernanda Quaresma, candidata de 2021. O tema daquele ano foi "Invisibilidade e registro civil: garantia de acesso à cidadania no Brasil". Ela começou deste jeito:

> Em "Vidas secas", obra literária do modernista Graciliano Ramos, Fabiano e sua família vivem uma situação degradante marcada pela miséria. Na trama, os filhos do protagonista não recebem nomes, sendo chamados apenas como o "mais velho" e o "mais novo", recurso usado pelo autor para evidenciar a desumanização do indivíduo. Ao sair da ficção, sem desconsiderar o contexto histórico da obra, nota-se que a problemática apresentada ainda percorre a atualidade: a não garantia de cidadania pela invisibilidade da falta de registro civil. A partir desse contexto, não se pode hesitar - é imprescindível compreender os impactos gerados pela falta de identificação oficial da população.

O que fez a estudante? Ela usou o primeiro parágrafo para apresentar o tema (a falta de registro civil em cartório da parte mais carente da população brasileira) e a tese (a falta de documentos leva à invisibilidade social e à perda de direitos). Falou sobre o assunto de forma objetiva, citando uma das obras mais emblemáticas da literatura brasileira, *Vidas secas*, de Graciliano Ramos, e trazendo em seguida o assunto para os dias atuais. Concluiu o parágrafo com uma frase que abre alas para todo o texto: "É imprescindível compreender os impactos gerados pela falta de identificação oficial da população".

A introdução deve ser atraente, instigante. Deve ser um trailer de cinema, para deixar o leitor com vontade de ir até o final do texto.

Aqui vai outra introdução considerada bem-sucedida sobre o mesmo assunto, escrita pela aluna Emanuelle Severino:

> A cidadania, no contexto relativo à Grécia Antiga, era restrita aos homens aristocratas, maiores de vinte e um anos, que participassem do sistema político de democracia direta do período. Diferentemente dessa conjuntura, a Carta Magna do Estado brasileiro, vigente na contemporaneidade, concede título de cidadão do Brasil aos indivíduos nascidos em território nacional, de modo que a oficialização dessa condição está atrelada ao registro formal de nascimento. Nesse contexto, convém acrescentar que, em virtude da ausência dessa documentação, diversas pessoas passam a enfrentar um quadro de invisibilidade frente à estrutura estatal e, com isso são privadas da verdadeira cidadania do país.

Leia agora a introdução da estudante Maria Fernanda Simionato para a prova de 2022, cujo tema era "Desafios para a valorização de comunidades e povos tradicionais no Brasil":

> Historicamente, a partir da implementação das missões jesuítas no Brasil colonial, os povos nativos tiveram suas tradições suprimidas e o seu conhecimento acerca das peculiaridades territoriais menosprezado. Na contemporaneidade, a importância dessas populações

configura um fator indispensável à compreensão da diversidade étnica do nosso país. Contudo, ainda persistem desafios à valorização dessas comunidades, o que interfere na preservação de seus saberes. Logo, urgem medidas estatais que promovam melhorias nesse cenário.

Como se vê, em textos nota 1.000 para assuntos similares ou diferentes, os concorrentes têm usado estruturas parecidas para a introdução. As duas alunas que escreveram sobre consequências da falta de certidões de nascimento incluíram referências consagradas para ilustrar fatos da realidade atual. Enquanto Fernanda citou exemplo da literatura brasileira, Emanuelle recorreu à História Antiga. A utilização de referências literárias, históricas ou artísticas na introdução aparece em quase todas as redações nota 1.000, tornando-se um modelo comum de composição bem-sucedida aos olhos dos corretores. *Vidas secas* tornou-se uma espécie de *best-seller*; são incontáveis as referências ao texto de Graciliano Ramos.

A colega delas Maria Fernanda citou um fato histórico – as missões jesuítas do Brasil colonial – e ofereceu algo a mais na última frase do primeiro parágrafo. Ao dizer que "urgem medidas estatais que promovam melhorias nesse cenário", ela antecipou que sugerirá mais adiante no texto medidas para valorização das comunidades e povos tradicionais, que são as tais propostas de intervenção social pedidas nas dissertações. Ela conectou começo ao fim, boa tática para instigar o leitor a acompanhar o texto inteiro para chegar às propostas sociais, lá no finalzinho.

Usar perguntas na introdução deixa a redação objetiva.

Matheus Drumond Pereira usou outro truque bem criativo para começar o texto. Ele tirou nota 1.000 na prova de

2012, cujo tema era "Movimentos imigratórios para o Brasil no século XXI". O texto dele merece atenção. Descubra qual foi a sacada do rapaz:

> Antigamente, o Brasil era um país de emigração. Em função de seus gargalos econômicos de infraestrutura e mão-de-obra, muitos brasileiros viam as condições de permanência no país insustentáveis. Atualmente, no entanto, há uma tendência imigratória, tanto de retorno desses conterrâneos quanto de outros povos que, em virtude da conjuntura mundial caótica, veem na primeira letra dos Brics uma nova página em suas vidas. Contudo, o gargalo se mantém [...] aumentando o superpovoamento relativo do país. Como solucionar essa questão?

Percebeu? Ele usou uma pergunta ("Como solucionar essa questão?) como forma instigante de introdução. O truque atrai a atenção do leitor para a discussão do tema e o instiga a ler mais. A partir daí, o leitor/examinador sabe o que esperar do desenvolvimento do texto: as respostas para a pergunta inicial. Aliás, mais do que esperar, o leitor procura as respostas da pergunta no texto para descobrir se o autor entrega o que promete na abertura. Usar uma pergunta na introdução consiste em outra boa técnica de redação.

Vale a pena destacar ainda outros truques legais de escrita no trabalho do Matheus, como a escolha de palavras de sentido oposto (antigamente e atualmente) para comparações entre dois momentos na história e o uso correto dos conceitos de imigração e emigração. Beleza: demonstrou total conhecimento do tema e da estrutura argumentativa.

Responda perguntas sobre o tema para descobrir a sua tese. Por exemplo: Eu concordo com essas ideias? Por quê?

O poder dos argumentos

O desenvolvimento é a parte mais longa da redação. Trata-se do miolo, o recheio, o meio caminho entre a introdução e a conclusão. Qual o conteúdo do desenvolvimento? Os argumentos de sustentação da tese. Argumentos são as armas de defesa de suas ideias, as razões pelas quais você defende determinada ideia. No começo, o autor diz o que pensa. No desenvolvimento, justifica as opiniões.

Preste atenção no seu dia a dia. Você está sempre argumentando, já percebeu? Numa conversa com amigos, quando considera uma marca de tênis melhor do que outra, você logo cita qualidades do produto. Diz que é mais macio, mais resistente, mais confortável e mais bonito do que outros modelos. Outra cena: você e seus colegas falam sobre os professores. Você defende os preferidos e dá as razões: explicam bem a matéria, ouvem os estudantes e aceitam trabalhos com atraso. Sei lá. Você conhece as razões pelas quais gosta mais de um do que de outro. Você tem seus próprios – olha a palavrinha aí – **argumentos** para defender a tese de que seus preferidos são os melhores do colégio. Os colegas podem discordar, mas opinião cada um tem a sua. Sem brigas, por favor.

Tome posições e defenda-as. Argumente com dados, citações históricas e testemunhos.

Ao contrário de uma conversa informal entre amigos, o exame oficial aborda temas objetivos da vida do país. Será preciso argumentar em favor de uma ideia em vez de um produto ou uma pessoa. Como outros colegas resolveram esse problema? Em geral, usaram 2 parágrafos na etapa de argumentação, nos quais recorreram à menção de estudos científicos, estatísticas e afirmações de especialista sobre o tema. Da mesma maneira como a propaganda utiliza artistas, atletas e influenciadores digitais para defender as qualidades de um produto, autores das composições recorrem à opinião de estudiosos para dar credibilidade aos seus argumentos.

Emanuelle Severino, cuja introdução foi mencionada anteriormente, escreveu dois parágrafos para sustentar a ideia incluída na introdução de que a falta de certidão de nascimento leva à invisibilidade social. Aqui vai uma versão editada:

> [...] é necessário pontuar a dificuldade da parcela da população brasileira em situação de vulnerabilidade socioeconômica no acesso ao procedimento de registro civil. Sob esse viés, destaca-se que, segundo relatório de 2019 do Programa das Nações Unidas para o Desenvolvimento, o Brasil é o país mais desigual do mundo [...]. Assim, a acentuada desigualdade social da nação dificulta a promoção da documentação pessoal, especialmente, para as classes sociais menos abastadas.
>
> Além disso, é importante relacionar a falta de documentos de nascimento com o sentimento de invisibilidade desenvolvido pelos indivíduos sem registro, tendo em vista a privação de direitos sociais, civis e políticos desencadeada pela problemática discutida. Sob essa ótica, somente a partir da certidão de nascimento pode-se emitir as carteiras de identidade e de trabalho, bem como o título de eleitor e o cadastro de pessoa física. Nesse sentido, o acesso aos programas do governo, a exemplo do auxílio emergencial – assistência financeira concedida durante a pandemia da Covid-19 – à seguridade social e ao exercício do voto dependem, diretamente, da existência do registro civil. Portanto, a ausência da documentação formal torna parte da população invisível socialmente, já que essas pessoas não podem se beneficiar dos serviços e das garantias do Estado Democrático de Direito brasileiro.

Fernanda Quaresma, de quem também já vimos o primeiro parágrafo, seguiu o mesmo formato e utilizou dois parágrafos na fase de desenvolvimento do seu texto:

> Com efeito, é nítido que o deficitário registro civil repercute [...] na persistente falta de pertencimento como cidadão brasileiro. Isso acontece, porque, como já estudado pelo historiador José Murilo de Carvalho, para que haja uma cidadania completa no Brasil é necessária a coexistência dos direitos sociais, políticos e civis. Sob essa ótica, percebe-se que, quando o pilar civil não é garantido [...] não é possível fazer com que a cidadania seja alcançada na sociedade. Dessa forma, da mesma maneira que "o mais novo" e o "mais velho" de Graciliano Ramos, quase 3 milhões de brasileiros continuam a ser invisibilizados: sem nome oficial, sem reconhecimento pelo Estado e, por fim, sem a dignidade de um cidadão.
>
> [...] a falta do sentimento de cidadania na população não registrada reflete, também, na manutenção de uma sociedade historicamente excludente. Tal questão ocorre, pois, de acordo com a análise da antropóloga brasileira Lilia Schwarcz, desde a Independência do Brasil, não há formação de um ideal de coletividade – ou seja, de uma "Nação ao invés de, meramente, um Estado". Com isso, o caráter de desigualdade social e exclusão do diferente se mantém, sobretudo, no que diz respeitos às pessoas que não tiveram acesso ao registro oficial [...].

Note que Emanuelle citou informação da PNUD (Programa das Nações Unidas para o Desenvolvimento) para sustentar sua argumentação, enquanto Fernanda recorreu ao apoio de dois conceituados acadêmicos, José Murilo de Carvalho e Lilia Schwarcz. São três fontes de informação respeitadas que trazem credibilidade ao que Emanuelle e Fernanda afirmaram no texto. De onde elas tiraram isso? Do próprio conhecimento acumulado ao longo dos anos de estudos. Alguns concorrentes decoram citações acadêmicas e referências literárias, especialmente aquelas de cunho social, para usar em qualquer texto. Alternativa para quem não memorizou nenhuma citação clássica aplicável para todos os problemas sociais consiste em recorrer aos textos complementares do próprio enunciado da proposta de redação. É proibido repeti-los na prova, mas você vai encontrar ali inspiração para justificar a tese apresentada discussão no seu texto.

Aqui vai outra amostra de redação na qual o aluno incluiu o nome de um intelectual respeitado e conhecido para apoiar o seu próprio argumento. George Guilherme de Souza, exemplo da prova de 2012 que aparece pela primeira vez neste capítulo, escreveu sobre "Movimentos imigratórios para o Brasil no século XXI" e afirmou, na introdução, que a população brasileira é resultado de miscigenação cultural e racial. Será verdade? De onde ele tirou isso? Da própria cabeça? Ele recorreu ao sociólogo Gilberto Freyre, autor do livro *Casa-grande e senzala*. Veja como o aluno incluiu Freyre no texto:

> A miscigenação do brasileiro, de fato, é o que mais evidencia a nossa cultura e a nossa identidade nacional. Desde a chegada de escravos oriundos da África, aos europeus, passando pelos indígenas de diversas etnias, o povo brasileiro construiu sua face, como mostrou Gilberto Freyre.

Entretanto, o argumento mais poderoso de convencimento é a apresentação de evidências científicas – estatísticas, dados e resultados de pesquisas, por exemplo. Se estivesse falando de um novo par de tênis, você poderia dizer que uma pesquisa mostrou que o seu modelo preferido dura três anos mais do que o dos concorrentes. Quem duvidaria? Se uma pesquisa científica comprova aquela afirmação, deve ser verdade. Desse jeito, você fortalece sua opinião sobre o produto e influencia os amigos. Ao defender uma ideia, vale a mesma recomendação. Se possível, apresente dados científicos.

O texto redondinho

Passada a fase dos argumentos, a dissertação caminha para o fim. Chegou o momento de escrever a conclusão. Em geral, os alunos dedicam o último parágrafo do texto ao encerramento. Essa parte deve resumir o que foi apresentado nos parágrafos anteriores e incluir proposta de intervenção social. Trata-se de tarefa desafiadora, tanto que os parágrafos finais estão cada vez mais longos. Como dica, fica a sugestão para dividi-los em dois, reduzindo a parte dedicada ao desenvolvimento. Vamos ver em exemplos práticos como alunos nota 1.000 resolveram esse desafio.

Nossa colega do começo deste capítulo, Fernanda Quaresma, usou o primeiro parágrafo para apresentar a ideia de que a falta de registro de nascimento leva à perda de direitos básicos da cidadania, e, nos dois seguintes, apresentou as justificativas dessa tese. No último deles, escreveu:

> Portanto, ao entender que a falta de cidadania gerada pela invisibilidade do não registro está diretamente ligada à exclusão social, é tempo de combater esse grave problema. Assim, cabe ao Poder Executivo federal, mais especificamente ao Ministério da Mulher, da Família e dos Direitos Humanos (desmembrados mais tarde em diferentes órgãos da administração federal), ampliar o acesso aos cartórios de registro civil. Tal ação deverá ocorrer por meio da implantação de um projeto nacional de incentivo à identidade civil, o qual irá articular, junto aos gestores dos municípios brasileiros, campanhas, divulgadas pela mídia socialmente engajada, que expliquem sobre a importância do registro civil, além de instruções para realizar o processo [...].

Qual o segredo do sucesso da conclusão escrita pela Fernanda? Ela abriu o parágrafo resumindo toda a sua dissertação em uma frase ("...ao entender que a falta de cidadania gerada pela invisibilidade do não registro está diretamente ligada à exclusão social, é tempo de combater esse grave problema"). Em seguida, apresentou uma proposta de intervenção social concreta e detalhada. Ela especificou qual órgão do governo federal seria responsável pela implementação da proposta (uma campanha educativa nas mídias) e qual seria o conteúdo da ação (instruções para fazer o registro civil em cartórios). Conquistou o coração dos corretores.

Dissertação redondinha liga o fim ao começo.

A colega Emanuelle seguiu o mesmo modelito:

Diante do exposto, conclui-se que o registro civil é um aspecto intrínseco à cidadania no Brasil. Por isso, o governo federal deverá propiciar a acessibilidade das populações mais carentes, que sofrem com a falta de acesso à documentação, a esse tipo de serviço por meio da articulação de unidades móveis para os cartórios do país. No que tange a esse aspecto, os veículos adaptados transportarão os funcionários dos órgãos de registros até as áreas de menor renda [...]. Desse modo, um maior número de brasileiros acessará, efetivamente, a condição de cidadãos.

Essa estrutura de conclusão tornou-se fórmula consagrada entre os textos nota 1.000. Em 2019, tratando sobre o tema "Democratização do acesso ao cinema no Brasil", a aluna Juliana Souza, desconhecida dos leitores até aqui, concluiu a redação do mesmo jeitinho das colegas Fernanda e Emanuelle:

> Torna-se evidente, portanto, que o acesso não democrático ao cinema no Brasil é um entrave que precisa ser solucionado. Sendo assim, o Estado deve investir na ampliação do alcance desse programa cultural por meio da capitalização das empresas exibidoras. Isso pode ocorrer, por exemplo, com a concessão de subsídios fiscais às instituições privadas que, comprovadamente, promovam a construção de cinemas nas áreas carentes do país [...]. Desse modo, certamente, a afirmação de Nietzsche será vivenciada por todos os cidadãos brasileiros.

Por que Nietzsche apareceu na conclusão? Por que Juliana começou a composição referindo-se ao filósofo Friedrich Nietzsche. Ela abriu o texto com esta frase:

> Segundo o filósofo Friedrich Nietzsche, a arte existe para impedir que a realidade nos destrua.

Redação redondinha é isso: a aluna começou e terminou com Nietzsche.

Vale destacar ainda que todas as propostas de intervenção social das redações mencionadas aqui levaram em conta questões humanitárias. Não se conhece trabalho bem-sucedido com propostas politicamente incorretas, como, por exemplo, extinguir o registro de nascimento para a população vulnerável. Os participantes costumam seguir a exigência de respeito aos direitos humanos. São recorrentes as propostas de ações dos poderes públicos, particularmente do governo federal, na forma de concessão de benefícios fiscais ou financiamentos para atividades de inclusão social, com raras menções à participação da iniciativa privada e de organizações da sociedade civil como agentes de políticas de enfrentamento aos problemas discutidos.

FAZENDO SENTIDO

Se compararmos um texto argumentativo com um corpo humano, poderemos dizer que a cabeça equivale à introdução. O torso, à argumentação. A conclusão ocuparia o lugar de pernas e pés. Mas o que faria essas partes andarem juntas, em harmonia, para uma mesma direção? Resposta em uma palavra: coerência. Coerência é a arte de fazer sentido.

Um texto caminha com a cabeça, corpo e pernas para o mesmo lugar quando introdução, desenvolvimento e conclusão tratam do mesmo assunto. Os argumentos justificam a afirmação inicial. As propostas de intervenção acertam em cheio o problema social identificado pelo aluno na introdução. A conclusão, para fechar o círculo do trabalho, deixando-o bem redondinho, reforça as ideias iniciais. Essa conversa entre as partes do texto garante a coerência das ideias.

Mais uma vez, vamos ver exemplos práticos dessa interação entre as diferentes partes de uma dissertação argumentativa com o tema da edição de 2012, ano em que, vale lembrar, o tema foi "Movimento migratório para o Brasil no século XXI".

Vamos conhecer o trabalho da candidata Maria Isabelle de Andrade Walters para entender como ela garantiu a coerência no texto. Na introdução, ela escreveu o seguinte parágrafo:

> Desde o iluminismo, sabemos (ou deveríamos saber) que uma sociedade só prospera quando cada um se solidariza com os problemas do outro. Infelizmente, apesar de indiscutível, muitas vezes essa teoria não é aplicada na prática. Basta perceber a indignação e a disfarçada xenofobia que grande parte da população brasileira apresenta ao ouvir uma notícia do tipo "uma leva de 500 imigrantes invadiu o país nessa quinta-feira" Nesse contexto, cabe uma reflexão acerca dos verdadeiros motivos do movimento imigratório para o Brasil e consequente busca de soluções adaptativas pela sociedade.

A tese da estudante, apresentada logo no primeiro parágrafo, poderia ser assim resumida: a sociedade brasileira deveria se solidarizar com os problemas dos imigrantes. Mais abaixo, no desenvolvimento do texto, ela apresentou os argumentos para justificar a ideia inicial. Veja:

> Antes de tudo, é preciso considerar que, na maioria dos casos, a imigração é motivada pela necessidade e, por isso, deve ser compreendida. Seja por motivos de perseguição religiosa ou de abalos sísmicos na terra natal, o indivíduo merece exercer o direito da liberdade, deixando o país de origem, caso seja essa sua vontade.

No parágrafo seguinte, para completar, ela afirmou que:

> [...] é exatamente nesse contexto que a população precisa se mobilizar, considerando que o Brasil, em essência, é o país da miscigenação e que, sem dúvida, existe espaço para mais uma ou outra cultura. Assim, a sociedade necessita mostrar solidariedade, o que não pode se restringir às redes sociais.

Como a aluna garantiu a coerência entre as partes do texto? Ela apresentou tese e argumentos na mesma direção – favoráveis à participação dos imigrantes na cultura brasileira. Incoerência seria a apresentação de argumentos contrários à ideia inicial. Nessa dissertação, não faria sentido criticar os imigrantes. A autora escapou dessa armadilha mantendo-se fiel à afirmação da introdução durante todo o texto.

Vamos analisar a parte final da composição, em que a estudante apresenta propostas de intervenção social. Aqui, ela também respondeu à principal pergunta embutida na tese: como o país pode se solidarizar com os problemas dos imigrantes? Eis a resposta:

> Basta contar com o apoio do governo, que deve promover a isonomia através da criação de concursos

públicos que aceitem a participação de imigrantes. Dessa forma, com emprego fixo, essas pessoas já poderiam começar a enxergar um futuro mais promissor.

Note a relação lógica entre as propostas de intervenção social e a tese. A estudante havia escrito que o Brasil deve se solidarizar com os imigrantes e apresentou maneiras de se fazer isso. Vale a pena insistir: seria incoerente incluir propostas de proibição da entrada de imigrantes no Brasil. Mas por quê? Porque são propostas que contradizem a tese apresentada no início. Na introdução, a aluna afirmava que o Brasil deveria se solidarizar com os imigrantes – proibi-los de entrar contraria essa ideia.

Retomando a análise da redação nota 1.000, leia só a conclusão:

Torna-se evidente, desse modo, que o movimento migratório para o Brasil advém de necessidades básicas de alguns cidadãos e, portanto, deve ser compreendido. Não pode ser impossível para o brasileiro aceitar as diferenças, uma vez que somos fruto de uma convergência de culturas.

Pense: o que ela fez? Repetiu a ideia inicial com outras palavras. Coerência é isso: começo, meio e fim tratando de um mesmo assunto e sob a mesma perspectiva. Cabeça, torso, braços e pernas da dissertação seguem o mesmo percurso. A aluna começou o texto sendo favorável à vinda de imigrantes para o Brasil e terminou pensando a mesma coisa. Ela não mudou de ideia no meio caminho nem apresentou argumentos contra os imigrantes. Parabéns pra ela!

Os corretores do Enem examinam a coerência entre os elementos da composição com lupa. Trata-se de uma característica que não se resume a uma ou outra palavra, mas está presente na organização das ideias como um todo. É mesmo a arte de fazer cabeça, torso e membros inferiores dos textos caminharem na mesma direção, de dizerem a mesma coisa. Um texto cuja tese considera a imigração benéfica para o país não pode trazer argumentos e conclusão que a desaprovem. Seria como se a cabeça estivesse indo para um lado enquanto as pernas vão para o outro. Cruzes! O corpo vira um Frankenstein e o texto leva nota baixa.

Vamos analisar outra dissertação coerente, agora de 2019, quando os concorrentes escreveram sobre "Democratização do acesso ao cinema no Brasil". Isabela Cardoso começou assim:

> De modo ficcional, o filme Cine Holliúdy retrata o impacto positivo do cinema no cotidiano das cidades, dada a sua capacidade de promover lazer, socialização e cultura. Entretanto, na realidade, tais benefícios não atingem toda a população brasileira, haja vista a elitização dos meios cinematográficos e a falta de infraestrutura adequada nos cinemas existentes. Sendo assim, urge a análise e a resolução desses entraves para democratizar o acesso ao cinema no Brasil.

A estudante optou por defender uma tese objetiva: a falta de acesso aos cinemas no Brasil deve-se à elitização dos meios cinematográficos e à falta de infraestrutura das salas de cinema. Pode-se concordar ou discordar da Isabela, mas ela prometeu, na introdução, apresentar argumentos para sustentar essa opinião. Para ser coerente com essa proposta inicial, ela elencou os seguintes argumentos no desenvolvimento do texto:

> [...] é lícito destacar que a elitização dos meios cinematográficos contribui para que muitos brasileiros sejam impedidos de frequentar as salas de cinema [...] é indubitável que a localização dos cinemas em áreas mais nobres e o alto valor dos ingressos configuram uma tentativa de silenciar os grupos periféricos [...].
> Ademais, vale postular que a falta de infraestrutura adequada para todos os cidadãos também dificulta

o acesso amplo aos cinemas do país. Conquanto a acessibilidade seja um direito assegurado pela Carta Magna e os cinemas disponham de lugares reservados para cadeirantes, não há intérpretes de LIBRAS e a configuração das salas – pautada em escadas – não auxilia o deslocamento de idosos e portadores de necessidades especiais.

E então? A autora manteve a coerência? Certamente. Acompanhe. Nos dois parágrafos do desenvolvimento, ela apresentou justificativas para a sua tese. Ela falou do alto preço dos ingressos como prova da elitização do cinema, pois exclui a população mais pobre. Depois, mencionou a falta de tradução para surdos como uma das falhas na infraestrutura dos cinemas que dificultam ou impedem a democratização do acesso aos cinemas. Preste atenção nos detalhes. A autora usou a expressão "ademais" para juntar um argumento ao outro. Foi coerente?

Agora, o ato final: a conclusão. Aqui vai ela:

Por fim, diante dos desafios supramencionados, é necessária a ação conjunta do Estado e da sociedade para mitigá-los. Nesse âmbito, cabe ao poder público, na figura do Ministério Público, em parceria com a mídia nacional, desenvolver campanhas educativas – por meio de cartilhas virtuais e curtas-metragens a serem veiculadas nas mídias sociais – a fim de orientar a população e as empresas de cinema a valorizar o meio cinematográfico e ampliar a acessibilidade das salas. Por sua vez, as empresas devem colaborar com a democratização do acesso ao cinema pela cobrança de valores mais acessíveis e pela construção de salas adaptadas. Feito isso, o Brasil poderá garantir os benefícios do cinema a todos, como relata o filme Cine Holliúdy.

Nesse caso, outra vez, vale discutir a viabilidade das propostas da aluna, mas, para os corretores, a redação cumpriu com louvor a obrigação de ser coerente. Introdução, desenvolvimento e conclusão trazem as mesmas ideias. Para concluir, ela escreveu uma frase que remeteu toda a dissertação ao início: "Feito isso, o Brasil poderá garantir os benefícios do cinema a todos, como relata o filme Cine Holliúdy".

Conectar é legal

Mantendo a comparação da dissertação argumentativa com um corpo humano, teremos agora de descobrir como manter unidos os elementos do texto. Como prender com firmeza uma parte à outra? Sem a conexão de cabeça (introdução), corpo (desenvolvimento) e membros (conclusão), a composição fica sem sentido. Cada parte fala sozinha e o texto parece uma marionete desengonçada. É preciso, então, ligar, conectar, um componente ao outro, para deixá-los unidos e coesos.

A boa notícia: há uma categoria inteira de palavras e expressões para fazer esse trabalho – os super-heróis do texto, chamados de elementos de ligação, conectivos ou partículas de transição. Servem para ligar frases, ideias e parágrafos entre si, garantindo a unidade do texto.

Você certamente já foi apresentado a esses personagens gramaticais, mas pode ter se esquecido dos seus nomes. Dê só uma olhada, a seguir, em um dos parágrafos de uma prova bem avaliada. Os elementos de ligação estão presentes nela. Helário Azevedo e Silva Neto dissertou sobre "Caminhos para combater a intolerância religiosa no Brasil" em 2016. Tente identificar no trecho do desenvolvimento os elementos de ligação entre parágrafos e orações.

Nesse contexto, é importante salientar que, segundo Sócrates, os erros são consequência da ignorância humana. Logo, é válido analisar que o desconhecimento acerca de crenças religiosas influi decisivamente em

> comportamentos inadequados contra pessoas que seguem linhas de pensamento opostas. À vista disso, é interessante ressaltar que, em algumas religiões, o contato com perspectivas de outras crenças não é permitido. Ainda assim, conhecer a lei é fundamental para compreender o direito à liberdade de dogmas e, portanto, para respeitar visões díspares.

Não os encontrou ainda? Vamos omiti-los do texto para facilitar a busca. O resultado do parágrafo sem as partículas de transição ficou assim:

> [...] é importante salientar que, segundo Sócrates, os erros são consequência da ignorância humana. [...] é válido analisar que o desconhecimento acerca de crenças religiosas influi decisivamente em comportamentos inadequados contra pessoas que seguem linhas de pensamento opostas. [...] é interessante ressaltar que, em algumas religiões, o contato com perspectivas de outras crenças não é permitido. [...] conhecer a lei é fundamental para compreender o direito à liberdade de dogmas e [...] para respeitar visões díspares.

Agora ficou claro que estão faltando estas palavras e expressões:

- Nesse contexto
- Logo
- À vista disso
- Ainda assim
- Portanto

Note como os elementos de ligação deram fluidez ao texto, juntando parágrafos e frases. No início, ao escrever "nesse contexto" o aluno se referia ao parágrafo anterior. A expressão "à vista disso" também diz respeito ao conteúdo da frase anterior. O aluno parece ter plantado uma bandeira amarela no meio do texto para indicar que já havia falado sobre esses temas antes. Já o uso de "ainda assim" equivale a contrapor uma ideia à outra. "Apesar disso" faz a mesma função. "Logo" e "portanto" indicam que a frase seguinte contém uma conclusão. São sinônimos. Elementos de ligação funcionam como pontos de costura, unindo uma parte do tecido à outra para criar uma peça única e harmônica. Sem esses senhores, o texto do aluno parece um telegrama ou a fala de um robô antigo.

Textos contemporâneos de jornais e revistas tendem a ser muito econômicos no uso dos conectivos, porque o espaço para a escrita é curto. O mesmo acontece nas redes sociais. A necessidade de escrever frases breves e diretas levou à quase extinção dos conectivos. No Enem, o uso correto das partículas de ligação vale ouro. Então, use-as. Há conectivos para todas as situações. Veja:

- Conectivos de conclusão: portanto, em suma, em resumo, enfim, em síntese, em conclusão.
  Exemplo:

  [...] precisamos integrar os imigrantes para serem cidadãos e não um estorvo social. Portanto, é preciso criar cotas máximas de imigrantes no trabalho e encaminhar os que não possuem qualificação laboral para serviços dignos [...].

- Conectivos de adição: além disso, ainda por cima, por outro lado, também, e, nem.
  Exemplo:

  [...] o povo deve ir às ruas de modo pacífico para exigir uma mudança do poder público. Além disso, a mobilização deve agir na direção de quem mais necessita, ajudando, educando e oferecendo oportunidades para excluídos [...].

- Conectivos de dúvida: talvez, quem sabe, pode ser, possivelmente, provavelmente.
  Exemplo:

  Apesar de uma conjuntura tão desfavorável para manifestações, muitos foram os movimentos populares em busca de mudanças, mesmo com as limitações na atuação da mídia. Talvez a sensação de um Brasil melhor hoje ajude a explicar a inércia da sociedade diante da atual crise de valores na política e em todas as camadas da população.

- Conectivos de certeza e ênfase: certamente, com toda a certeza, sem dúvida, inegavelmente.
  Exemplo:

  [...] muitos acreditam ser a violência fruto da profunda desigualdade social de nosso país. Certamente baseiam seu pensamento em um sofisma simplista, afirmando que o pobre pratica a violência por ser privado do atendimento de suas necessidades mais básicas [...].

- Conectivos de prioridade: primeiramente, em primeiro lugar, antes de tudo, acima de tudo, sobretudo.
  Exemplos:

  Primeiramente, é importante ressaltar o papel do meio ambiente para o desenvolvimento econômico de uma sociedade.
  [...] é essencial que nessa nova era do mundo virtual, os usuários da rede tenham plena consciência de que tornar públicas determinadas informações requer cuidados e, acima de tudo, bom senso [...].

- Conectivos de contraste, oposição, restrição, ressalva: em contraste com, porém, pelo contrário, contudo, entretanto, no entanto, não obstante, mas, exceto, menos, salvo.
  Exemplos:

O desafio de conviver com a diferença na sociedade é complicado, mas necessário.
Toda a comodidade que a rede virtual nos oferece é, no entanto, acompanhada pelo desafio de ponderar aquilo que se publica na internet [...].

- Conectivos de surpresa: inesperadamente, surpreendentemente.
  Exemplo:

  A inclusão social seria um processo fácil, se, surpreendentemente, todos se conscientizarem dos benefícios para o país.

- Conectivos de tempo (frequência, duração, eventualidade): anteriormente, raramente, enfim, então, a princípio, por fim, atualmente, antigamente, constantemente, às vezes, diariamente, enquanto isso, nesse meio tempo, imediatamente, finalmente.
  Exemplo:

  Cabe ressaltar que, atualmente, o Brasil é considerado potência do Mercosul e um importante país emergente.

- Conectivos de intenção, propósito e finalidade: propositadamente, com o propósito, intencionalmente.
  Exemplo:

  O governo deveria criar políticas de estímulo à leitura com o propósito de desenvolver o conhecimento e a reflexão.

- Conectivos de esclarecimento e ilustração: quer dizer, em outras palavras, por exemplo, isto é.
  Exemplos:

  Obviamente, nem todas as diferenças são benéficas. Por exemplo, a diferença entre classes sociais não poderia assumir tal dimensão.

Autoridades, cidadãos, jornalistas, artistas, em outras palavras, toda a sociedade deveria estar engajada na luta contra o trabalho infantil.

- Conectivos de consequência e causa: assim, de fato, como resultado, por causa de, por conseguinte, por isso, em virtude de, de fato, com efeito, porquanto.
  Exemplos:

  A leitura é a base para o desenvolvimento e a integração na sociedade e na vida, porquanto viver não é apenas respirar.
  Este é um exemplo que, a curto prazo, auxiliaria o Brasil (e o Mercosul, por conseguinte) a eliminar este problema que cresce como ervas daninhas.

- Conectivos de semelhança e comparação: igualmente, assim também, de acordo com, de maneira idêntica, segundo, conforme.
  Exemplo:

  Se alguém é ofendido nos jornais pode pedir direito de resposta. Nas redes sociais, igualmente, quem se sentisse atingido deveria ter o mesmo direito.

O tom certo

A redação do Enem deve ser um texto oficial; não pode ser escrita como se fosse um tweet (oops, um X) ou um WhatsApp. No primeiro capítulo, vimos que cada texto tem seu galho, certo? Nada de brincadeiras, gírias, palavrões e expressões politicamente incorretas. O texto deve ser acadêmico. Enxertar gracinhas no corpo do texto leva à desclassificação. Recebe nota zero na certa. Então, qual deve ser o tom das dissertações? Textos acadêmicos devem manter a formalidade e a impessoalidade. Por isso, devem ser escritos na terceira pessoa do singular ou do plural (ele, ela, eles, elas). Assim:

- O aumento do número de imigrantes no Brasil é indiscutível.
- O governo deveria implantar políticas de apoio aos idosos.
- As redes sociais vieram para ficar.

Eu, não.

Nunca escreva na primeira pessoa do singular. Estruturas como "eu acredito que o governo deva implantar políticas de apoio aos idosos" ou "eu proponho que o governo..." são proibidas. Elas servem muito bem para cartas, bilhetes, e-mails, conversas entre amigos na internet e até para romances literários. Em documentos oficiais, como a redação do Enem, cartas profissionais, relatórios e trabalhos acadêmicos, a conversa é profissional. Afinal você não compareceria a uma entrevista de emprego vestindo chinelos, certo?

Há várias opções para escrever opiniões sem apontar o autor. Veja:

- Observa-se que o número de imigrantes no Brasil aumentou.
- É de conhecimento público que o número de imigrantes no Brasil aumentou.
- Recomenda-se que o governo implante medidas de apoio aos idosos.
- Pode-se afirmar que é dever do governo implantar medidas de apoio aos idosos.
- Torna-se evidente a necessidade de implantação de medidas de apoio aos idosos.

Outra recomendação: evite usar a primeira pessoa do plural (nós). Frases como "nós acreditamos que o governo..." ou "convenhamos, o governo deveria..." são consideradas muito informais. Além disso, distanciam o autor do leitor.

ROTEIRO COMPLETO

Já vimos antes que o enunciado inclui o tema oficial, definindo o problema a ser abordado na prova, além de artigos e ilustrações complementares. Esse material todo serve de fonte de ideias para a elaboração do conteúdo do texto. Também já estudamos a estrutura de um texto argumentativo (introdução, desenvolvimento e conclusão, lembra?), exigido na prova. Então, o momento exige colocar esses conhecimentos em prática antes mesmo do grande dia do teste. Esteja preparado para esse encontro. Assim:

Tenha uma estratégia de redação

No dia da prova, você terá 5h30 para realizar o exame. Como aproveitar bem esse tempo para escrever um texto nota 1.000? Pense com a frieza de um piloto de Fórmula 1: trace um plano de ação para este dia. Tome algumas decisões importantes muito antes da "corrida".

Uma delas requer a definição de quanto tempo você dedicará à escrita. A redação costuma acompanhar as provas de múltipla escolha sobre Ciências Humanas e Linguagem (45 questões de múltipla escolha para cada disciplina). Assim, cabe ao estudante decidir com antecedência como administrar as 5h30 para completar as 90 questões e ainda escrever uma dissertação nota 1.000. Esse cálculo pode variar de acordo com o objetivo em prestar o teste. Candidatos interessados em universidades para as quais redações têm peso maior na nota de acesso podem investir mais tempo para escrever – 1 hora costuma ser a média reservada pelos participantes para esse trabalho, mas pode ser um pouco mais.

Outro componente importante na elaboração da estratégia consiste em saber se você vai começar o exame pelas questões de múltipla escolha ou pela redação. Se a redação for fundamental para a nota média, começar por ela pode ser uma boa ideia. Se for o seu forte, talvez também seja vantajoso começar por aí, para compensar eventuais deficiências em outras disciplinas. Além disso, você estará descansado e poderá escrever com mais calma. Nessa hipótese, correrá o risco de prejudicar o desempenho nas outras matérias. Se deixar para escrever por último, você se arriscará a perder muito tempo nas questões de múltipla escolha, prejudicando a escrita. Escolha difícil, mas necessária.

Outra decisão requer a escolha entre escrever na página de rascunho e depois transcrever tudo para a folha oficial ou usar o rascunho para alinhavar ideias, escrevendo a versão final sem ensaio. Há vantagens e desvantagens em ambas as alternativas. O processo de transcrição fiel do rascunho para a folha oficial parece mais longo, mas evita rasuras e erros gramaticais e ortográficos na fase final. O resultado tende a ficar mais limpo e fácil de ler. Anotar apenas as ideias gerais na folha de rascunho pode ser uma opção vantajosa, mas requer maior habilidade de escrita na versão oficial e rigor para seguir as anotações iniciais. Opção intermediária prevê usar a folha de rascunho para anotações (é possível escrever nas laterais da folha) e construir ali o texto mais próximo possível da versão final a ser transcrita na página oficial.

Como resolver tantas dúvidas? Seja realista: faça muitos exercícios simulados antes da prova. Estudantes nota 1.000 recomendam aos colegas escreverem pelo menos uma composição por semana, submetendo-a à análise do professor, e reescrevendo o trabalho conforme as novas orientações. Sim, trata-se de aprender com os erros. Outro exercício sugerido consiste em treinar separadamente cada parte do texto (introdução, desenvolvimento, conclusão). A prática facilita a apreensão independente dos conceitos e estrutura de cada elemento da composição.

Nesse período de preparação, experimente várias táticas de execução da tarefa, escrevendo rascunhos e transcrevendo o texto ou anotando ideias no rascunho para construir o texto final diretamente na folha oficial. No final de cada experimento, anote o tempo gasto em todas essas alternativas. Depois de várias tentativas diferentes, você vai encontrar o formato no qual se sente mais confortável e cujo resultado seja mais fácil e rápido. Assim, poderá calcular quanto tempo precisará para escrever e como dividi-lo com as duas outras disciplinas de múltipla escolha. Decida tudo isso antes do dia do teste. Evite deixar tudo para a última hora. Estar preparado diminui a tensão e ajuda a executar a estratégia com precisão.

Lembretes:

- Siga o plano fielmente.
- Durante a prova, controle o tempo destinado à escrita e às questões de múltipla escolha.
- Faça muitos exercícios antes do teste real.
- Quanto mais praticar, mais rápido você escreverá.

Planeje o conteúdo da dissertação

Para usar bem o tempo reservado à escrita, divida-o em duas fases – planejamento e execução. Nessa ordem. Só escreva depois de completar o planejamento, mesmo que opte por escrever diretamente na folha oficial de redação. Reflita antes de agir. Não escreva de forma atabalhoada. Neste momento, no início, no planejamento, você precisa ter claras estas informações:

- O assunto geral da dissertação.
- Sua opinião sobre ele.
- Argumentos para justificar a tese.
- Proposta de intervenção social.
- Ideias para a conclusão.

Encontre o tema específico

A definição do assunto geral e do tema específico começa com a análise cuidadosa de todo o enunciado, incluindo os textos complementares. Faça esse exercício utilizando provas anteriores, disponíveis no site do Inep. Assim, você se familiariza com a linguagem e com o visual das páginas de rascunho e oficial. Então, a primeira recomendação ao abrir o caderno de teste é ler tudo com atenção sem julgamentos e críticas. Apenas saboreie o texto. Agora comece a trabalhar na definição do assunto geral e do problema específico. Uma boa técnica para encontrar usa a antiga brincadeira de pergunta e resposta. Pergunte a si mesmo: o que o enunciado pede para eu escrever? E depois responda. Mas como descobrir isso?

Às vezes, o tema aparece expresso no enunciado. Aconteceu em 2011. Estava escrito na prova que o tema era "Viver em rede no século XXI: os limites entre o público e o privado". A partir da interpretação dessa frase, era possível concluir que:

- Assunto geral: a maneira como as pessoas se conectam por meio de redes sociais, como Facebook e Instagram;
- Tema específico/problema: os riscos de se postar nas redes sociais informações privadas que possam prejudicar a reputação das pessoas.

A edição de 2016 também apresentava tema oficial objetivo: "Caminhos para combater a intolerância religiosa no Brasil". O aluno descobria, logo de cara, que:

- O tema geral era a intolerância religiosa no país.
- Deveria apresentar soluções para combater o problema.

Em 2006, o teste pediu uma dissertação sobre "O poder transformador da leitura". Diante de um enunciado amplo, surgia a dúvida: sobre o que escrever? Como escolher um tema específico dentro desse universo? Nesse caso, a saída foi associar o tema geral aos textos motivadores e extrair dali um tópico específico. Em 2006, havia o seguinte material complementar:

> Minha mãe muito cedo me introduziu aos livros. Embora nos faltassem móveis e roupas, livros não poderiam faltar. E estava absolutamente certa. Entrei na universidade e tornei-me escritor. Posso garantir: todo escritor é, antes de tudo, um leitor.
>
> (Moacyr Scliar).

E agora? Ao analisarmos o enunciado e o texto motivador juntos poderíamos resumir a proposta de redação nestas frases:

- Como a leitura pode transformar a vida dos cidadãos?
- A importância dos livros na educação infantil

Em 2007, o esforço para encontrar o tema geral foi grande. Havia letras de duas músicas entre os textos motivadores. Como interpretá-las? Uma delas era "Ninguém = Ninguém", da banda Engenheiros do Havaí, e a outra, "Uns iguais aos outros", dos Titãs. O tema? Vaguíssimo: "O desafio de se conviver com a diferença". De novo, o jeito era encontrar uma frase ou uma ideia que resumisse o texto (no caso, as músicas) apresentado como complementar.

Como você resumiria o conteúdo de "Uns iguais aos outros"? Tente:

> Os homens são todos iguais
> [...]
> Brancos, pretos e orientais
> Todos são filhos de Deus
> [...]
> Kaiowas contra xavantes
> Árabes, turcos e iraquianos
> São iguais os seres humanos

São iguais uns aos outros, são uns iguais aos outros
Americanos contra latinos
Já nascem mortos os nordestinos
Os retirantes e os jagunços
O sertão é do tamanho do mundo
Dessa vida nada se leva
Nesse mundo se ajoelha e se reza
Não importa que língua se fala
Aquilo que une é o que separa.
Não julgue para não ser julgado
[...]
Tanto faz a cor que se herde
[...]
Todos os homens são iguais
São iguais aos outros, são uns iguais aos outros

E então? Levando em conta o tema oficial (O desafio de se conviver com a diferença), que tal esta ideia:

- Independentemente de cor, raça, nacionalidade, os seres humanos deveriam ser tratados como iguais?

Ou você encontrou uma forma melhor de resumir a música dos Titãs?

E se o material complementar for uma ilustração, como uma tirinha ou um mapa? Responda a mesma pergunta: o que essa imagem significa? Ou: o que o autor quis dizer com essa imagem? Transforme as ideias do desenho em palavras. Se for um mapa, com dados e índices, analise as informações. Pense: o que esses dados significam? Qual é a informação mais relevante dessa ilustração?

Em 2005, o tema era "O trabalho infantil na realidade brasileira". Para acompanhá-lo, havia um mapa do Brasil dividido por regiões geográficas, onde constava o número de crianças trabalhadoras por área. O que fazer com esse mapa? O aluno daquele ano poderia aproveitar as informações da ilustração como fonte de inspiração. O mapa apontava que a região Nordeste concentrava o maior número de crianças no trabalho. Reflita: o que essa informação indicava? O que era possível concluir a partir dessa informação? Seria possível dizer, por exemplo, que o baixo desenvolvimento econômico da região Nordeste era uma das causas do trabalho infantil. Sem renda, as famílias precisavam que os filhos trabalhassem. Você concorda? Essa era apenas uma das possibilidades ao se observar o mapa disponibilizado na prova.

Em edições recentes, tem sido comum a apresentação de temas sobre os "desafios" de enfrentamento a determinado problema social, o que, aparentemente, torna mais fácil a identificação do tema proposto. Em 2023, o tema foi "Desafios para o enfrentamento da invisibilidade do trabalho de cuidado realizado pela mulher no Brasil". No ano anterior, o enunciado pedia uma dissertação sobre "Desafios para a valorização de comunidades e povos tradicionais no Brasil". Em 2020, o tema do teste digital foi "O desafio de reduzir as desigualdades entre as regiões do Brasil". Precisava dizer mais?

Mesmo a prova de 2019, aparentemente com tema de abordagem ampla, indicava a direção a seguir: "Democratização do acesso ao cinema no Brasil". Para bom entendedor, o tema pedia composição em defesa da democratização do acesso ao cinema e apresentação de soluções para o problema.

Portanto, examine com cuidado o enunciado. Definir o tema é a chave do sucesso das redações nota 1.000.

Escolha a tese

Encontrado o tema pedido no enunciado, defina a tese, a sua opinião, seu ponto de vista, sobre o assunto proposto. Faça novamente o jogo de perguntas e respostas.

- Qual a minha opinião sobre o tema?
- Eu concordo com a afirmação do enunciado?
- Por quê?

Se estivéssemos fazendo aquela prova de 2019, cujo tema era "Democratização do acesso ao cinema no Brasil", poderíamos nos fazer estas perguntas:

- O acesso ao cinema no Brasil é democrático?
- Eu concordo com essa afirmação?
- Por que o acesso ao cinema não é democrático?

As perguntas acima são apenas sugestões. Cada aluno deve explorar com as próprias palavras as questões embutidas nos textos como fonte de inspiração para o trabalho.

Pense, reflita, responda. Depois, encontre uma afirmação que represente o seu pensamento. Deve ser uma frase curta e objetiva. Aí está a sua tese. Ela deve responder a esta pergunta crucial:

- O que **penso** sobre esse tema?

Em 2019, a maior parte dos estudantes que tiveram nota 1.000 concordou que:

- O acesso ao cinema precisa ser democratizado.
- É preciso buscar alternativas para garantir o acesso aos cinemas no Brasil

E você? Se tivesse que opinar sobre esse tema, o que diria? A resposta é a tese.

Selecione argumentos

Passada a fase de definição da tese, quando você já identificou sua opinião sobre o tema proposto, vem a pergunta mais difícil: por quê? Justifique suas opiniões, apresente as razões pelas quais chegou àquela opinião. Mais uma vez, abuse da brincadeira pergunte e responda. Nesse caso, a pergunta principal deve ser por quê. Questione-se:

- Por que eu penso assim?
- Por que eu acredito nisso?

As respostas às perguntas acima são os argumentos em defesa da sua opinião. Cada pergunta tem mais de uma resposta. Faça uma listinha de todas elas. Depois, escolha as mais convincentes. Na edição de 2012, os estudantes que apoiaram a vinda de imigrantes ao Brasil justificaram as suas opiniões com estas razões, entre outras:

- Os imigrantes contribuem para a diversidade cultural do país.
- Os imigrantes podem trazer qualificação profissional ao mercado de trabalho.
- É uma questão de direitos humanos ajudar pessoas que fogem de situações difíceis em seus países.

Já na prova de 2019, que tratava sobre acesso aos cinemas, os estudantes apresentaram os seguintes argumentos, entre muitos outros, claro:

- O acesso democrático garante igualdade de direitos entre os cidadãos.
- O cinema é um importante instrumento cultural, educacional e de lazer ao qual todos deveriam ter acesso.

O ideal seria apresentar três argumentos consistentes para a sustentação de uma tese, mas dois bastam, divididos em dois parágrafos. Esse esforço objetiva convencer o leitor (ou examinador) da solidez e veracidade da tese.

Apresente pelo menos dois argumentos para justificar suas opiniões.

Formule proposta de intervenção social

Você já encontrou o tema, escolheu a tese e os argumentos que vão sustentá-la. Chegou a hora de pensar nas propostas de intervenção social. Releia o tema oficial. Ali está o problema para o qual você deve propor soluções. Duas sugestões ou só uma bem detalhada dão conta do recado. Faça esta pergunta a si mesmo para encontrar as respostas para esse item:

- O que pode ser feito para...?

Complete a frase acima com a questão social embutida na prova. Exemplos:

- O que pode ser feito para combater a intolerância religiosa no Brasil?
- O que pode ser feito para reduzir a violência contra as mulheres no país?
- O que pode ser feito para valorizar as comunidades e os povos tradicionais no Brasil?

Outra pergunta possível básica, simples e rápida começa com *como*. Assim:

- Como preservar a Amazônia?
- Como estimular a leitura?
- Como promover transformações sociais por meio do voto?
- Como promover a ética nacional?
- Como enfrentar o desafio de defender o direito das crianças e dos adolescentes?
- Como utilizar as redes sociais sem prejudicar a reputação das pessoas?

Note que nenhuma pergunta quer saber o que o governo deve fazer para resolver este ou aquele problema. Espera-se que o aluno sugira intervenções/ações para os vários atores com responsabilidade social no país, como o próprio governo, empresas privadas, organizações não governamentais e cidadãos de forma individual. Como dito anteriormente, as perguntas são simples, mas respondê-las representa um desafio enorme. Calma. Você não precisa salvar o mundo – só apresentar uma sugestão consistente para um único problema, o da prova. Se você seguiu o roteiro, já percebeu que o exercício de pergunta-resposta é um processo demorado. Por isso, deve ser praticado várias vezes muito tempo antes do exame. Com a repetição, o trabalho intelectual de descobrir o assunto, refletir sobre ele e opinar ficará mais simples e rápido. Nem será preciso anotar todas as respostas no rascunho. Todas as perguntas e respostas estarão registradas na memória.

Escreva

Feito o planejamento, hora de escrever. Aqui, você já deve ter tomado uma decisão sobre o método de trabalho: vai escrever direto na folha da prova ou vai fazer um rascunho? Recomenda-se que você escreva um rascunho, corrija e só depois passe a limpo na folha oficial. Esse processo consome mais tempo – você terá de ser mais rápido na fase de planejamento, mas vale a pena. Teste suas habilidades antes da prova. Se conseguir escrever direto, sem muitos erros, vá em frente. Se tiver dúvidas, opte pelo rascunho, pois é mais seguro. Mas preste atenção no relógio para aproveitar bem o tempo.

O texto que você deve escrever segue esta estrutura:

Começo (introdução): apresentação do tema e da tese
Meio (desenvolvimento): argumentos para sustentar a opinião do aluno
Fim (conclusão): proposta de ação social e resumo

Decida: como será a introdução? Quantos parágrafos terá? Onde cabe a tese? Pense no desenvolvimento: quantos argumentos apresentará? E o fim: como juntar as propostas de intervenção social e concluir com charme o texto? As três fases de uma dissertação argumentativa nem sempre aparecem assim, distintas, uma depois da outra. Se aparecerem, a vida fica mais fácil.

Siga o modelo tradicional descrito anteriormente. Você tem todos os elementos necessários para isso. Comece dizendo o que vai escrever – um ou dois parágrafos. Depois, desenvolva a ideia principal com a apresentação dos argumentos que sustentem a tese – outros dois parágrafos. Finalmente, conclua com a proposta de ação social e um resumo de tudo o que foi dito antes. Crie parágrafos diferentes uns dos outros, usando termos e palavras de ligação. Lembre-se: cada ideia, um parágrafo.

Pronto? Agora, releia o texto em busca de eventuais erros gramaticais, de grafia e de falta de coesão. Seja cuidadoso nesse trabalho. As vírgulas estão no lugar certo? As concordâncias verbais estão corretas? Conserte os erros. Edite o texto: reduza frases longas, trocando-as por duas. Substitua palavras repetidas por sinônimos.

Faça uma análise do conteúdo do texto. Volte a fazer perguntas a si mesmo:

- A tese está explícita?
- Os argumentos justificam a afirmação?
- A proposta de intervenção social é viável?
- A conclusão encerra o assunto?
- A dissertação faz sentido?

Só depois de feitas as correções, transcreva a versão final do texto para a folha. Copie exatamente o que escreveu no rascunho.

Veja aqui uma redação bem-sucedida, "Brasil atraente ":

FÖLHA DE REDAÇÃO

Brasil atraente

Ao ser trabalhada a questão da imigração com destino ao Brasil, muito se pensa nos acontecimentos e nos fluxos ocorridos ao longo da história. No entanto, a nação brasileira constituiu-se, no século XXI, uma potência econômica em crescimento e ganhou notoriedade a partir da popularização do conceito dos BRICS, países de maior prosperidade econômica. Desse modo, pode-se dizer que os movimentos de imigração para o Brasil no século XXI são uma decorrência da sua realidade econômica e causam influências em outros campos como a cultura e a qualidade de vida.

Uma das grandes consequências culturais da imigração para o Brasil no século XXI é o enriquecimento da cultura local, que já é caracterizada pela diversidade. Tal consequência, atrelada ao conceito de convivência da sociedade, permite à nação [illegible] flexibilizar ainda mais as relações sociais, mas somente quando distante dos ideais preconceituosos. Eles, que estão presentes em grande parte dos países centrais que atuam como áreas de atração, são crescentes na realidade brasileira, o que acaba por dificultar a consolidação da face boa da imigração.

Além disso, por conta do contexto tecnológico da Revolução Informacional, as levas populacionais que se deslocam do seu país de origem tendo como destino final o território brasileiro estão mais preparadas e motivadas quando comparadas aos imigrantes do passado. Com isso, o homem contemporâneo não almeja se deslocar em busca de um subemprego, e vem ao Brasil para contribuir como mais um agente para o desenvolvimento do país. Dessa forma, os migrantes diferenciados do século atual chegam qualificados e empenhados a entrar no território como uma contribuição.

Não obstante, a política de amenidade mantida pelo país no contexto internacional garante uma boa imagem para os interessados também residentes em países tidos como desenvolvidos. Percebe-se, então, que empresas transnacionais enviam seus executivos e trabalhadores para a nação que não se envolve em constantes guerras, possui facilidades no comércio com países como China e Rússia e apresenta grandes taxas de crescimento. É vista, em consequência de tal investimento estrangeiro, uma possibilidade de absorção de novas técnicas e conhecimentos.

Subentende-se, então, que o contingente imigratório do século XXI com destino ao Brasil é um fator de grande influência nos seus diversos campos de convivência social e cultural, cabendo ao país direcionar essas possibilidades a um caminho próspero. Para isso, práticas como o investimento governamental e privado nos tecnopolos brasileiros garantem uma formação da população nativa e a chance de inserção do imigrante na sociedade e no trabalho. Além disso, tal investimento ajuda a fortalecer o convívio entre as diversas culturas e conhecimentos, possibilitando o aprimoramento das técnicas.

Instruções

1 Verifique se o seu nome completo e o número do seu CPF, impressos nesta FOLHA DE REDAÇÃO, estão corretos.
2 Preencha o seu nome completo e assine no local apropriado.
3 Transcreva sua redação com caneta esferográfica de tinta preta, fabricada em material transparente.
4 Não haverá substituição desta Folha de Redação por erro de preenchimento do PARTICIPANTE.
5 Escreva a sua redação com letra legível. No caso de erro, risque, com um traço simples, a palavra, a frase, o trecho ou o sinal gráfico e escreva, em seguida, o respectivo substitutivo.
6 Não será avaliado texto escrito em local indevido. Respeite rigorosamente as margens.
7 Não é permitido utilizar material de consulta.

Nome: IGOR CAVALCANTI DE OLIVEIRA

IGOR CAVALCANTI DE OLIVEIRA

02202120122740701O

1424006984

inep Ministério da Educação

enem 2012

Pelo jeitão do texto, o aluno optou por escrever um rascunho e transcrever o texto final para a folha da prova. Observe: página sem rasuras. O candidato fez todos os ajustes antes de passar o texto a limpo. Levou nota 1.000. Depois de tudo pronto, dá para ler uma última vez. Nunca é tarde para consertar algum erro, mas será impossível alterar conteúdo.

MÃOS NA RODA

FERRAMENTAS DE EDIÇÃO

O texto ficará mais claro, conciso e elegante se você utilizar essas técnicas para escrever:

1. Use a forma direta da frase

   A maneira mais clara e simples de escrever segue este modelo:
   Sujeito + verbo + complementos
   Assim:

   Eu adorei o último filme da série Duna.

   Sujeito: Eu
   Verbo: adorei
   Complementos: o último filme da série Duna

   Margarete e Pedro têm filhos gêmeos.

   Sujeito: Margarete e Pedro
   Verbo: têm
   Complemento: filhos gêmeos

   O casal de atores chegará no domingo.

Sujeito: O casal de atores
Verbo: chegará
Complemento: no domingo

Atropelaram um ciclista na avenida Paulista.

Sujeito: indeterminado
Verbo: atropelaram
Complementos: um ciclista na avenida Paulista

Notou como a estrutura direta deixa tudo muito bem esclarecido na frase? O leitor entende logo de cara de quem estamos falando e o que estamos falando.

Ponha as frases na ordem direta. Evita erros gramaticais, elimina vírgulas e deixa tudo bem esclarecido.

O uso de frases invertidas – aquelas em que o sujeito está no meio ou no final da oração – é permitido. A língua portuguesa autoriza inversões na ordem natural dos termos da frase. Muitos professores recomendam esse tipo de texto, porque entendem que demonstra conhecimento e erudição. Em alguns casos, caem bem. Como nesta frase:

Se, para Monteiro Lobato, um país se faz de homens e livros, para os governantes, diferente não poderia ser.

A ordem direta tem vantagens: evita erros gramaticais, organiza o pensamento e facilita a leitura do examinador. Tenha uma opinião nessa discussão. Veja frases invertidas e compare com a versão em ordem direta.

Em prol da sobrevivência, há milhares de anos, a caça e a pesca eram praticadas pelo homem.

A caça e a pesca eram praticadas pelo homem há milhares de anos em prol da sobrevivência.

Nesse contexto, realmente eficiente seria promover uma profunda reeducação da população.
Nesse contexto, promover uma profunda reeducação da população seria realmente eficiente.

Injusta é a falta de reconhecimento da importância das diferenças culturais para o progresso da humanidade.
A falta de reconhecimento da importância das diferenças culturais para o progresso da humanidade é injusta.

Nesse contexto, para garantir o equilíbrio financeiro e ecológico do país, são necessários o aumento da fiscalização e a aplicação de multas severas aos desmatamentos ilegais.
Nesse contexto, o aumento da fiscalização e a aplicação de multas severas aos desmatamentos ilegais são necessários para garantir o equilíbrio financeiro e ecológico do país.

Agora responda: qual você prefere?

2. Abuse dos pontos-finais

Uma frase longa equivale a duas curtas. Escrever longas sentenças aumenta as chances de erros de gramática, de pontuação e de organização das ideias. Por isso, dê preferência às curtas. Use o ponto-final sempre que necessário, como um remédio amargo. O segredo é dedicar uma frase a cada ideia. Combinada com a escrita em ordem gramatical direta, discutida no item anterior, o texto fica mais inteligente e elegante. Deste jeito:

FRASE ORIGINAL: Campanhas na imprensa e projetos nas escolas poderiam ajudar na criação dessa consciência ambiental, que já faz parte do discurso cotidiano, mas ainda precisa se inserir de verdade nos hábitos e nas posturas de cada cidadão.

NOVA VERSÃO: Campanhas na imprensa e projetos nas escolas poderiam ajudar na criação dessa consciência ambiental. Ela já faz parte do discurso cotidiano, mas ainda precisa se inserir de verdade nos hábitos e nas posturas de cada cidadão.

FRASE ORIGINAL: Outra solução seria difundir, ainda nas escolas, a importância do diálogo e as implicações da violência, contribuindo para a formação de indivíduos mais conscientes quanto ao assunto.
NOVA VERSÃO: Outra solução seria difundir, ainda nas escolas, a importância do diálogo e as implicações da violência. Essa medida contribuiria para a formação de indivíduos mais conscientes quanto ao assunto.

FRASE ORIGINAL: Na contemporaneidade, esse sentimento mesquinho e egoísta causa exclusão social, discriminação e até morte, por isso é dever do poder público, das instituições de ensino e da família promover o respeito.
NOVA VERSÃO: Na contemporaneidade, esse sentimento mesquinho e egoísta causa exclusão social, discriminação e até morte. Por isso, é dever do poder público, das instituições de ensino e da família promover o respeito.

FRASE ORIGINAL: Sem dúvida, a manutenção de importantes atividades econômicas, como o agronegócio e a geração de energia hidrelétrica, só será possível se a floresta for mais respeitada, já que alterações no período de precipitações prejudicam as plantações de soja e cana-de-açúcar presentes no local, além de alterarem o funcionamento das usinas.
NOVA VERSÃO: Sem dúvida, a manutenção de importantes atividades econômicas, como o agronegócio e a geração de energia hidrelétrica, só será possível se a floresta for mais respeitada. Alterações no período de precipitações prejudicam as plantações de soja e cana-de-açúcar. Além disso, modificam o funcionamento das usinas.

3. Fuja da voz passiva

É aquela em que o sujeito da frase sofre a ação definida pelo verbo. Como nesta frase:

> Em prol da sobrevivência, há milhares de anos, a caça e a pesca eram praticadas pelo homem.

O sujeito é "a caça e a pesca", mas quem faz a ação de caçar e pescar é o homem. Ele é o agente da voz passiva. Que tal transformá-lo em um ser ativo, que manda no pedaço e promove a ação? Compare:

> Há milhares de anos, o homem pratica a caça e a pesca em prol da sobrevivência.

A construção da frase original na voz passiva está correta gramaticalmente, mas a versão na voz ativa... quanta diferença! O autor da frase diz quem faz o que e ainda evita erros na conjugação verbal.

Mais casos? Vamos lá, compare:

> Poucos meses atrás, uma estudante foi espancada por jovens na Barra da Tijuca, bairro nobre do Rio de Janeiro.

Que tal assim?

> Poucos meses atrás, jovens espancaram uma estudante na Barra da Tijuca, bairro nobre do Rio de Janeiro.

Ou:

> A importância ecológica da Amazônia e para o mundo é reconhecida por todos, leigos ou especialistas.

Para:

> Leigos ou especialistas, todos reconhecem a importância ecológica da Amazônia para o mundo.

4. Seja positivo

Não conhecer é desconhecer. Não autorizar é desautorizar. Não dizer é omitir. Não comparecer é ausentar-se. O que não é possível é impossível. Então, sempre que possível, utilize palavras de sentido positivo. Mais exemplos:

Não acreditar = duvidar
Não lembrar = esquecer
Não saber = ignorar
Não deixar = proibir
Não dar = negar
Não concordar = discordar
Não ir = faltar
Não incluir = excluir

5. Use a palavra exata

Assim:

Material de guerra = material bélico
Água para beber = água potável
Homem que trabalha na terra = agricultor
Menino sem educação = menino mal-educado
Instituição educacional = escola
Fazer uma fossa = cavar
Fazer a estátua = esculpir
Fazer uma viagem = viajar
Fazer um discurso = discursar
Pôr a roupa no armário = guardar
Dizer o segredo = revelar
Ver a beleza do mundo = admirar
Escrever uma música = compor
Preparar uma redação = redigir
Parar o carro = estacionar
Falar mal dos outros = fofocar

6. Brinque com as palavras

Algumas têm múltiplos significados. Rodrigues Lapa, filólogo português do século XX, reuniu 12 circunstâncias diferentes para uso da palavra cabeça. Ainda hoje é assim:

A **cabeça** é a parte superior do corpo.
Toda a gente o louva: é uma grande **cabeça**.
Sabia de **cabeça** todos os versos do poema.
Ele vinha à **cabeça** de todos os concorrentes.
Essa vila é a **cabeça** da comarca.
Pagaram dez tostões por **cabeça**.
Feriu-se na **cabeça** do dedo.
O **cabeça** da conspiração foi aprisionado.
Isso não tem pés nem **cabeça**.
Deu-lhe agora na **cabeça** fazer versos.
Cada **cabeça**, uma sentença.
Então perdeu por completo a **cabeça**.

7. Seja específico

Se você for ao dicionário, vai encontrar uma lista de sinônimos para o verbo *ver*:

Olhar
Contemplar
Vislumbrar
Espiar
Testemunhar
Observar
Notar
Avistar

E para *dizer*:

Falar
Murmurar
Contar
Afirmar

Revelar
Balbuciar
Expressar-se
Maldizer
Esbravejar
Confessar
Gritar

Cada um dos verbos das listas acima indica sutilezas na forma de ver e dizer. Use-os. As palavras têm pesos diferentes e dizem coisas diferentes. O pulo do gato está em tirar proveito dessas diferenças. Observe:

Eu te amo, confessou o amante.
Eu te amo, murmurou o amante.
Eu te amo, gritou o amante.
Eu te amo, afirmou o amante.
Eu te amo, disse o amante.
Eu te amo, mentiu o amante.

Há sinônimos para todos os gostos e ocasiões. Por isso, evite repetições de termos e seja específico naquilo que quer dizer. Escolha palavras capazes de expressar exatamente o seu pensamento. Isso é erudição.

8. Uma vez basta

Cuidado com as redundâncias, como esta:

Amanheceu o dia.

Como? Amanheceu basta, porque só o dia amanhece.
Mais redundâncias? Aqui vão:

Comparecer pessoalmente = comparecer
Terminantemente proibido = proibido (não precisa dizer mais)
Planos para o futuro = planos (planos são sempre para o futuro)

Criar novo projeto = criar projeto (só se cria algo novo)
Empréstimo temporário = empréstimo (sempre temporário)
Encarar de frente = encarar (precisa explicar?)
Exultar de alegria = exultar (só se exulta de alegria)
Monopólio exclusivo = monopólio (já é exclusivo)
Multidão de pessoas = multidão (refere-se a pessoas)
Outra alternativa = alternativa (outra é alternativa)
Panorama geral = panorama (só pode ser geral)
Pequenos detalhes = detalhes (já são pequenos)
Surpresa inesperada = surpresa (se fosse esperada, não seria surpresa)
Vereador da cidade = vereador (só as cidades têm vereadores)

9. Capriche nos parágrafos

Na era digital, quem se importa com os parágrafos? Lamento informar, mas o Enem se importa. Parágrafos sem ponto-final perdem pontos. Falta de margem no início das linhas é imperdoável. Então, vamos aprender a escrever bons parágrafos.

Os entendidos garantem que tudo começa com um tópico frasal impactante. Muita calma nessa hora. Tópico frasal resume em uma ou duas frases o que será dito pelo autor no resto parágrafo. Em seguida, vem o desenvolvimento da ideia em mais duas ou três frases. Deve conter exemplos, analogias, fatos, confrontos, explicações e outros elementos que sustentem o tópico frasal. Na prática, trata-se de uma minidissertação em cada parágrafo.

Observe como essa regra acontece em parágrafos extraídos de redações anteriores:

A economia brasileira está cada vez mais forte. O país está no ranking das dez economias que possuem os maiores PIBs do mundo. Além disso, o Brasil se tornou um grande exportador de commodities.

O tópico frasal é curto e grosso: *A economia brasileira está cada vez mais forte*. Trata-se de uma declaração que resume todo o parágrafo. A partir dela, o estudante citou exemplos para comprová-la: *O país está no ranking das dez economias que possuem os maiores PIBs do mundo. Além disso, o Brasil se tornou um grande exportador de commodities*. Ou seja, o estudante utilizou dois casos de sucesso na economia brasileira para provar a afirmação do tópico frasal.

E este caso?

Trocando o campo de futebol pelo canavial; o livro, pela enxada. Essa é a realidade de muitas crianças brasileiras atualmente. O trabalho infantil, que é constitucionalmente proibido, é uma realidade brasileira que se tornou gritante e insuportável. Do contexto de miséria, falta de solução e jogo de interesses, a infância no Brasil parece estar diminuindo gradativamente.

Aqui há outro tipo de tópico frasal. Em vez de uma afirmação logo de cara, o autor preferiu começar com uma descrição cortante do trabalho infantil no Brasil: *Trocando o campo de futebol pelo canavial; o livro, pela enxada*. Só depois, ele explicou a ideia central do parágrafo: *Essa é a realidade de muitas crianças brasileiras atualmente*. O recurso deu ao parágrafo um ar de suspense e valeu bons pontos ao autor no exame.

Mais outro:

Como a leitura pode transformar nossa realidade? A leitura é extremamente importante, não apenas por ser fundamental em nossa formação intelectual, mas também por permitir a todos um acesso a um mundo de informações, ideias e sonhos. Sim, pois ler é ampliar horizontes e deixar que a imaginação desenhe situações e lugares desconhecidos e isto é um direito de todos.

Dessa vez, o estudante abriu o parágrafo com uma pergunta no papel de tópico frasal: *Como a leitura pode transformar nossa realidade?*. Trata-se de uma maneira eficiente de iniciar o texto. No desenvolvimento do parágrafo, apresentou as respostas à pergunta inicial.

Eis aqui um parágrafo um pouco mais sofisticado. O estudante combinou as duas técnicas anteriores:

Comícios estudantis. Diretas já. Caras-pintadas. O que se percebe de comum nesses movimentos é a maciça participação do público jovem. A luta para adquirir a liberdade e os direitos políticos foram muito bem representados, mas será que acabou? É preciso alertar a sociedade de que somente com esforço comum e o ímpeto de bravura de nossos jovens poderemos concretizar a conquista alcançada, e verdadeiramente promover as transformações sociais de que o país necessita.

O longo tópico frasal no início, dividido em várias palavras e frases, destaca momentos históricos da participação dos jovens em movimentos políticos e termina com uma pergunta. Recurso muito bem usado. A seguir, desenvolvendo a ideia apresentada no início, o autor respondeu à própria pergunta, encerrando o pensamento e o parágrafo. Ponto pra ele.

Bem se vê a utilidade e a flexibilidade do tópico frasal, um tipo de agente secreto 007. Adquire feições diferentes, dependendo da situação, da necessidade e da criatividade do autor. Pode ser uma afirmação, uma pergunta, uma consequência, uma lista de exemplos. Use esses recursos sem restrições. Diversifique. Dissertações com 30 linhas podem ter 6 parágrafos. Escreva cada um deles com tópico frasal diferente e estará bem perto da nota máxima.

PARA LEMBRAR: GRAMÁTICA

O lugar da vírgula

Afinal, qual é mesmo a função daquele rabicho na frase? Botar ordem na casa. As vírgulas separam termos e orações deslocadas, explicativas ou coordenadas. Com as vírgulas para demarcar território, o texto fica compreensível. Então, a favor da dita-cuja, necessário dizer que ela existe para ajudar o leitor.

Especialistas divergem sobre as regras para uso dos sinais de pontuação em geral e da vírgula em particular, mas há casos consensuais. Veja aqui alguns deles:

1. Para separar termos e orações deslocadas (aqueles fora do lugar natural na frase e no texto)

Tenha em mente que a ordem natural dos elementos de uma frase segue este caminho (já vimos antes, mas convém repetir):

Sujeito + predicado (verbo e complementos, como objetos direto e indireto e advérbios)

Assim:

Professores brasileiros (sujeito) *ensinavam* (verbo) *Matemática* (objeto direto) *para crianças* (objeto indireto) *na Somália* (advérbio de lugar).

A regrinha de ouro vale para frases com duas orações. Assim:

As redações receberam nota 1.000 (primeira oração) *porque os autores seguiram as normas da Cartilha do Enem na íntegra.*

A moça esperava o ônibus (primeira oração) *enquanto falava ao telefone.*

Como? Sem vírgula? Isso mesmo: escritas na ordem direta, as frases dispensam a vírgula. A mocinha dá o ar da graça quando o autor subverte essa ordem, deslocando os termos de lugar. Aí é vírgula pra que te quero. Assim:

Na Somália, professores brasileiros ensinavam Matemática para as crianças.

Porque os autores seguiram as normas da Cartilha do Enem, as redações receberam nota 1.000.

Enquanto esperava o ônibus, a moça falava ao telefone.

Existem outros casos de deslocamento:

A violência urbana, sem controle, cresce na periferia das grandes cidades.

Assustadas, as crianças entraram nos abrigos temporários.

Ordem direta:

A violência urbana cresce sem controle na periferia das grandes cidades.

As crianças entraram assustadas nos abrigos temporários.

2. Para separar palavras, termos e orações explicativas ou esclarecedoras.

Exemplos:

[...] as novas redes sociais, surgidas neste início do século XXI, tornam-se os principais vetores da alienação cultural e social da população [...].

O analfabetismo, um dos grandes obstáculos à educação no Brasil, está sendo combatido com a educação de jovens e adultos [...].

[...] o incentivo a empresas de consultoria, que trabalhem em conjunto com empresas contratadoras, é importante.

A sociedade brasileira, ou melhor, a parte mais rica da sociedade brasileira, deveria pagar mais impostos.

As redes sociais, por exemplo, o Facebook e o Orkut, podem facilitar a comunicação entre as pessoas.

3. Para separar termos e orações coordenadas (aquelas que aparecem uma depois da outra na frase e exercem a mesma função sintática).

   Assim:

   A leitura permite ao homem se comunicar, aprender, desenvolver e trabalhar suas dificuldades.

   Os imigrantes precisam de abrigo, comida, emprego e apoio social.

É proibido separar sujeito e o verbo da oração, quando aparecem juntos. Exemplo:

O crescimento estável e constante de vários setores econômicos deu destaque internacional ao Brasil.

4. Para marcar a omissão de termos na frase (elipse).

   Assim:

   Os políticos querem uma coisa; a população, outra.

   Compramos entradas para o espetáculo de dança e nossos amigos, para o cinema.

5. Para isolar certas conjunções (porém, contudo, no entanto, entretanto, todavia, logo, portanto, por conseguinte, pois) que podem ser deslocadas de um lado para outro na frase.

   Exemplos:

   Entretanto, o desmatamento da floresta é considerado um entrave ao desenvolvimento econômico do país.

Ou:

O desmatamento da floresta, entretanto, é considerado um entrave ao desenvolvimento econômico do país.

Outro caso:

As medidas de apoio ao imigrante, contudo, deveriam ser acompanhadas por medidas de controle na entrada de estrangeiros.

Ou:

Consegui nota 1.000 na redação do Enem; minha vaga na faculdade, portanto, está garantida.

6. Para isolar apostos (termos que explicam outros).

Marcel Proust, grande escritor e exemplo máximo de uma vida dedicada à leitura e à literatura, disse...

O criador da Apple, Steve Jobs, morreu de câncer em 2011.

Parece, mas não é.

Apostos, como sabemos, vivem entre vírgulas. Deste jeito:

O fundador da Apple, Steve Jobs, escreveu um livro sobre a luta contra o câncer.

Mas os primos pobres (termos restritivos) ficam livres, leves e soltos. Assim:

O escritor Steve Jobs contou em livro a luta contra o câncer.

A diferença é sutil. No primeiro caso, Steve Jobs é o único fundador da Apple. Portanto, trata-se de aposto, porque é termo explicativo. Nesse caso, vírgula no nome. No segundo caso, Steve Jobs é o nome de mais um escritor. Existem muitos outros, por isso, é um termo restritivo. Aí, nada de vírgulas.

7. Para separar vocativos.
   Exemplos:

   Puxa, mãe, eu queria tanto comprar uma camisa nova.

   Professora, dá pra entregar o trabalho mais tarde?

8. Para dar ênfase a algumas palavras ou expressões.

   Ciúme, o casal não poderia brigar por algo pior.

9. Separar local e data.

   São Paulo, 06 de maio de 2013.

Os casos de crase

Crase une uma preposição *a* com o artigo *a* ou com o pronome *a* (ou outros pronomes que se iniciam com *a*, como *aquele* e *aquela*). O resultado é *à*. Desse modo, a crase só se consuma quando duas senhoras se encontram no mesmo lugar na frase. Para deixar claro que se trata de dois *as*, usa-se o acento grave.

Deste jeitinho:

> A leitura de livros traz uma grande contribuição à cultura geral dos estudantes.

Como se deu o encontro entre elas? O verbo *contribuir* pede a preposição *a*. Já o substantivo cultura requer o artigo *a* para abrir alas. Resultado: acento grave no *à*.

Homem não entra

Tem dúvidas sobre o uso da crase? Tire proveito de um velho truque: substitua a palavra feminina por outra masculina. Se no lugar do *a* der *ao*, tem acento. Veja:

"Fui a festa" tem crase ou não tem? Para responder, troque festa por colégio. Fica assim:

Fui ao colégio.

Então, na versão feminina, o *a* leva acento. O correto é:

Fui à festa.

1. Em alguns casos, o acento grave é obrigatório:

   Na indicação das horas: às 2 horas da tarde.
   Nas locuções "à medida que", "às vezes", "à noite".
   Na expressão "à moda de": Pedi arroz à (moda) grega.

2. Sem crase:

   Antes de palavra masculina.
   De segunda a sexta-feira, de terça a quinta.
   Expressões repetidas: dia a dia, face a face, cara a cara.
   Antes de verbo: Incentivei os alunos a estudarem os casos de crase.

3. Tanto faz:
   Antes de nome próprio feminino:

   Enviei o documento à Talita.

   Ou:

   Enviei o documento a Talita.

4. Às vezes:
   Diante do nome de lugares. Se a palavra for feminina, a crase aparece. Se for masculina, fica sem grampinho.

   Fui à França. (aceita artigo a)
   Fui a Portugal. (rejeita artigo a)

Como falam os verbos

Verbos indicam ação. Eles dizem o que acontece no mundo. Alguns são independentes. São os transitivos diretos. Outros precisam da ajuda de complementos para dar o recado. Esses são os verbos transitivos indiretos. Para saber como usar corretamente os verbos e complementos, converse com eles. Assim:

A audiência ouviu o discurso em silêncio.

Quem ouve ouve alguma coisa (o discurso). A passagem do verbo "ouvir" para o complemento "alguma coisa" se dá de forma direta, sem intermediários. Ouvir é verbo transitivo direto. O discurso, no caso, é objeto direto.

E neste caso?

Os alunos obedecem ao regulamento da escola.

Quem obedece obedece a alguma coisa (ao regulamento). Obedecer é verbo transitivo indireto, porque precisa de uma mãozinha de um complemento. O objeto indireto é "ao regulamento da escola".

Como tudo na vida dos verbos e da gente, nada é tão simples assim. Alguns verbos mais espertinhos são transitivos diretos e indiretos ao mesmo tempo. Pode? Pode. Deste jeito:

A mãe deu a mamadeira à filha.

Quem dá dá alguma coisa (a mamadeira, transição direta) a alguém (à filha, transição indireta).

Surpresa! Temos também os verbos intransitivos. Esses dão o recado por conta própria. Você vai entender:

O presidente morreu.
O inverno chegou.
Marcela viajou.

À relação entre verbos e complementos se dá o nome de *regência verbal*. Então, na hora de escrever, converse com o verbo para descobrir se ele precisa de complemento. Faz toda a diferença no texto. Veja só:

➲ *Assistir o* ou *assistir ao*?

No sentido de ver um espetáculo, o verbo *assistir* exige o *a* (transitivo indireto):

Mateus resolveu assistir ao jogo da arquibancada.

Quando assistir significa *ajudar*, é transitivo direto, sem o *a*:

A enfermeira assistiu a paciente em trabalho de parto.

➲ *Implicar em*?

Jamais. O verbo implicar como sinônimo de *provocar*, *acarretar*, é transitivo direto. Assim:

A nova regra implicará punição aos motoristas.

O controle da imigração implicou restrição à entrada de estrangeiros.

➲ *Aspirar a* ou só *aspirar*?

Quando for substituto de *respirar*, fica assim:

Nós aspiramos o ar mais poluído do mundo.

Mas se a ideia for almejar algo, vai desse jeito:

Ele aspira ao cargo de diretor da companhia.

➲ E *esquecer* (como *lembrar*)?

É um pouco mais complicado, porque admite diversas regências. Deste jeitinho:

Transitivo direto:

Esqueci as chaves em casa.

Transitivo indireto com preposição de:

Esqueci-me das chaves.

As duas formas anteriores juntas:

Esqueci das chaves.

➲ O camaleão *haver*:

Trata-se de verbo vip, especial. Tem regras próprias. Quando usado no sentido de *existir*, não flexiona. Fica sempre na terceira pessoa do singular. Assim:

Já houve muitas vítimas da irresponsabilidade na internet.

É fundamental que haja debates com os dirigentes dos países de origem dos imigrantes.

Invista no subjuntivo

Quer arrasar na gramática e impressionar os corretores dos textos? Dedique-se a estudar e memorizar a conjugação dos verbos no modo subjuntivo. O uso correto dessas formas parece ter desaparecido da face da terra, principalmente no rádio e na televisão. Veja só uma frase muito repetida por aí que está errada:

A polícia suspeita que o criminoso **é** o marido da vítima.

O correto é:

A polícia suspeita que o criminoso **seja** o marido da vítima.

OU ISTO OU AQUILO: TIRE DÚVIDAS

➲ *Há* ou *atrás*?

As duas formas são corretas.

Escreva:

Visitei a Grécia há dois anos.

ou

Visitei a Grécia dois anos atrás.

Nunca misture as duas.

E no futuro? Sempre *a*:

O presidente entregará a obra daqui a dois anos.

➲ *Em princípio* ou *a princípio*?
Depende:

Em princípio (em tese), todos os alunos com boas notas têm lugar garantido na universidade.

ou

A princípio (no começo), eu acreditava que dava para passar na prova sem estudar

➲ *De encontro* ou *ao encontro*?
Você decide:

A política de desmatamento vai de encontro (é contrária) aos interesses dos grandes proprietários de terra.

ou

A política de desmatamento vai ao encontro (na direção de) das reivindicações das organizações não governamentais.

➲ *A par* ou *ao par*?
Depende do caso. Veja:

Os alunos estão a par (inteirados) das mudanças nas provas do Enem.

ou

A qualidade do ensino de Matemática nas escolas brasileiras está ao par (nivelada) das piores escolas estrangeiras.

➲ *Interveio* ou *interviu*?
Interveio. O verbo intervir deriva de vir. Conjugação de um, focinho do outro. Assim:

Eu venho - intervenho
Ele/Ela vem - intervém

Nós vimos - intervimos
Eles/elas vêm - intervêm

E os passados? Siga o *vir* fielmente:

Eu vim - intervim
Ele/ela veio - interveio
Nós viemos - interviemos
Eles/elas vieram - intervieram

➲ *Afim* ou *a fim*?
Varia:

Os partidos políticos de esquerda têm ideias afins (similares).

Levou a namorada ao restaurante a fim (com o objetivo) de pedi-la em casamento.

➲ *A nível de*?
Nunca. Escreva *ao nível de* ou *em nível de*:

Santos fica ao nível do mar.

Fez o Enem para conquistar um emprego em nível de gerência.

O governo estuda aplicar a política de imigração em nível nacional.

➲ *Invés de* ou *em vez de*?
Prefira *em vez de* – resolve todos os casos.

➲ *Para mim* ou *para eu*?
Depende:

Passe a bola pra mim.

Passe a bola para eu fazer o gol.

➲ *Entre eu e você* ou *entre mim e você*?
É *entre mim e você*:

Não existem segredos entre mim e você.

➲ *Por que*, *por quê* ou *porque*?
Depende.
Quando aparece em pergunta:

Por que o exame do Enem é tão difícil?

Os estudantes acham o exame do Enem tão difícil por quê?

Nas respostas:

Porque o exame testa os conhecimentos de todo o ensino médio.

O exame do Enem é tão difícil porque testa os conhecimentos de todo o ensino médio.

No papel de conjunção causal:

Os alunos querem entender por que (qual razão, qual motivo) o exame é tão difícil.

Estrelando como substantivo:

Os professores gostariam de saber o porquê (a razão, o motivo) de tanta reclamação.

➲ *Mal* ou *mau*?
Depende:
Mal é oposto de *bem*:

Marcelinho saiu-se mal (bem) na prova.

O palhaço do circo anda mal-humorado (bem-humorado).

O gerente passou mal (bem) durante o assalto.

➲ *Mau* é oposto de *bom*:

O tenista se revelou mau (bom) perdedor.

O chefe era um tremendo mau (bom) caráter.

Tanto esforço acabou em mau (bom) resultado!

➲ *Haja visto?*
Cruzes! É *haja vista*.

Haja vista os esforços dos governos em fiscalizar as fronteiras.

Haja vista as ações para reduzir a criminalidade no Brasil.

➲ *Faz* ou *fazem?*
Se for usado para expressar tempo, o verbo *fazer* aparece na terceira pessoa do singular:

Marília fez 15 anos na semana passada.

Faz dois dias que não como.

➲ Já a ideia de executar uma tarefa acompanha o sujeito:

Esse marceneiro faz um bom trabalho.

Os namorados fizeram a primeira viagem de avião.

➲ *Óculos?*
Plural:

Perdi os óculos.

➲ *A grama* ou *o grama?*
Masculino quando se trata de peso:

Dois gramas de açúcar.

E feminino quando se referir à *grama* como planta:

Cortei a grama do quintal.

➲ *Qualquer* ou *nenhum?*
Ambos são pronomes indefinidos. Em frase com sentido negativo, use *nenhum* ou *nenhuma*:

Nunca se envolveu em nenhum conflito.

Não há nenhuma chance de você conseguir o emprego.

Qualquer tem sentido afirmativo:

Qualquer estudante pode conseguir o emprego.
O dicionário está disponível para qualquer interessado.

➲ *Trata-se de* ou *tratam-se de*?
O verbo tratar seguido de preposição é invariável:

Trata-se de velhos problemas da sociedade brasileira.

A regrinha vale também para *precisar*, *apelar* e *contar*. Assim:

Apela-se para os parentes como último recurso.
Precisa-se de jovens determinados a mudar o mundo.

Agora:

"Vendem-se casas" é diferente.

O verbo *vender* segue o sujeito, *casas*. Casas estão à venda. Assim, no plural. Também jogam nesse time os verbos *procurar* e *comprar*. Exemplo:

Para atender à demanda por moradia popular, compram-se terrenos na periferia.

➲ *Onde* ou *aonde*?
Com verbos que indicam movimento, é *aonde*:

Ninguém sabia aonde aquele caminho nos levaria.

Onde indica lugar:

Visitamos a cidade onde nosso avô nasceu.

➲ *Haver* ou *a ver*?

Tem tudo a ver com você.

ou

Tem tudo que ver com você.

➲ *Todo* ou *todo o*?
Depende.

Conheceu toda a França (conheceu a França inteirinha).

Toda a escola (a escola inteira) compareceu à festa.

Todo (cada um) candidato ao Enem estuda demais.

Todo país (qualquer país) tem o governo que merece.

➲ *Tráfico* ou *tráfego*?
Oh, dúvida. *Tráfico* é contrabando. *Tráfego* quer dizer trânsito. Por favor, sem confusão.

➲ *Eminente* ou *iminente*?
Cada caso é um caso. *Eminente* significa ilustre:

Eminente representante da ONU.

Iminente é o que está prestes a acontecer:

Estamos diante de um iminente caos no trânsito.

É assim, sim:

Adivinhar
Ascensão
Bem-vindo
Beneficente
Cabeçalho
Chuchu
Cidadãos
De repente
Empecilho
Enxergar
Estupro
Exceção
Frustrado
Fusível

Infligir
Invólucro
Paralisar
Por isso
Possui (do verbo **possuir**)
Privilégio
Quis (do verbo **querer**)
Sessão (de cinema)
Xampu

ASSIM, NÃO

➲ *Comprimentar*?
Jamais. É *cumprimentar* alguém.

➲ *Tenho "chego"*?
Arghh, *chego? O* certo: "*tenho chegado*".

➲ *Às custas*?
Valha-me, Deus: viver *à custa* de alguém.

➲ *Se eu "ver"*?
Como? Construção inexistente. Risque-a do mapa. Com o verbo *ver*, o certo é "*se eu vir (revir, prever)*" e "*se ele vir*".
Com o verbo *vir*, a história difere: "*se eu vier*" e "*se ele vier*".

➲ *Meia confusa*?
Nunquinha. Nesse caso, fica assim:

Professora meio confusa.

➲ *Intermedia*?
Não, não, não. O verbo *intermediar* se conjuga como *odiar*. Então, o correto é dizer que "o advogado *intermedeia* a conversa da polícia com o cliente".

➲ *Emprestar dele*?
Nem pensar. *Emprestar* é ceder (alguma coisa a alguém):

Vou emprestar o livro ao meu chefe.

ou

Viajo com malas emprestadas por um amigo.

EXERCITE A CRIATIVIDADE

Sem ideias para escrever? Sossegue, falta de criatividade tem cura e o remédio chama-se prática, tomado em doses diárias. Escrever bem resulta de esforço e treino. A imagem de escritores movidos por uma inspiração superior que os leva a criar textos maravilhosos num piscar de olhos é miragem. Escrever depende muito mais de transpiração do que de inspiração. A boa notícia: é possível despertar a criatividade e melhorar os textos com exercícios práticos. Vamos lá?

Só se escreve bem escrevendo

Crie um blog. Tem custo zero. Com a popularização das redes sociais e o uso frequente de vídeos e mensagens de voz, blogs perderam parte do atrativo, mas aqui estamos propondo a criação de um deles como exercício de escrita. Equivale a escrever um diário digital para treinar estilos diferentes de texto e se preparar para a prova. Seria bom escrever todos os dias – qual o problema? Ninguém está pedindo para você escrever uma obra-prima, só um textinho. Se preferir, crie documentos no Word ou, melhor ainda, escreva à mão no velho caderno de papel, como fará no teste oficial. Treine a escrita cursiva. Mas escreva. Escreva enquanto espera o ônibus. Escreva enquanto está no metrô. Escreva. Anote ideias, imagens, opiniões.

Comece com descrições dos lugares ao redor – detalhes, pormenores, cores, cheiros, formatos, texturas. Evite descrever o lugar apenas como bacana, bonito ou legal, expressões vagas e vazias de significado concreto. Ofereça detalhes, desenhe o cenário com palavras. Faça um exercício mental e imagine-se entrando no colégio. Conte o que vê. Há grades nas janelas? O portão fica trancado? Como são os corredores, o piso, as paredes? Há cartazes? Avisos? Pichações? E as salas de aula? São confortáveis ou abafadas? Dá pra ouvir o barulho da rua? Ainda tem lousa e giz? Ou estão cheias de equipamentos de vídeo? Tem cheiro de alguma coisa no ar? O colégio tem alguma área verde? Que árvores você encontra lá? Conte tudo.

Escreva à mão, se estiver sem conexão com a internet em casa. Depois use o computador da escola para postar.

Da descrição de um lugar passe para a de um acontecimento. Foi pra balada ontem à noite? Descreva a galera: meninas usavam minissaias curtíssimas – e os meninos? Tocava música eletrônica ou sertaneja? Samba, talvez? Como era a pista de dança? E as luzes? Quem era o DJ? O que a moçada bebia? Quanto custou a bebida? Você dançou? Quem são seus amigos? Descreva cada um fisicamente; conte como e onde os conheceu e fale sobre os interesses em comum. O que os une? Escreva sobre outro programa de ontem. Tudo vale a pena – missa, culto, visita ao cemitério, pancadão.

Agora, conte um filme, algo que você viu no cinema ou na televisão. Pode ser uma novela, um comercial, um clipe de música. Primeiro, descreva o que viu, como fez nos exercícios anteriores. Dê o título, os nomes dos atores (ou dos músicos), conte a história – sem entregar o final, por favor. Imagine que você quer convencer os seus leitores a verem o filme ou o clipe musical, porque, afinal de contas, você achou muito irado. Fale sobre o que mais o impressionou no filme.

Finalmente, comente um livro que você tenha lido recentemente. Pode ser a Bíblia, um romance obrigatório do colégio, um mangá. Vale qualquer texto impresso – nada de ler no computador. Pode parecer coisa de velho, mas "ver" as palavras e os textos no papel ajuda a memorizar a grafia e visualizar a disposição e organização dos parágrafos. Se for preciso, vá à biblioteca da escola ou do seu bairro, retire um livro ou leia lá mesmo. Ao escrever sobre esse texto, faça um resumo da história, dê os nomes dos personagens, descreva a personalidade e a aparência física de cada um. A essa altura, você já deve estar craque em descrever pessoas e ambientes. Então, dê detalhes de tudo, do lugar onde se passa a história, do desenrolar dos acontecimentos, dos sentimentos dos envolvidos. E termine com pelo menos três razões para ter gostado ou detestado o livro. Se gostou, recomende aos amigos.

Repita essas experiências de texto várias vezes. Sempre haverá algo novo para contar e descrever. A mesma balada em outro dia vira uma história diferente e nova. Aprenda a "ver" a mesma cena sob pontos de vista diferentes. Explore as possibilidades. Perceba como as situações se transformam conforme seu próprio humor. O que era vermelho num dia parece azul no outro, dependendo da luz e do local de onde você assiste à cena. Assim, escrever torna-se uma prática nova todos os dias, porque você está diferente.

Bem, agora que você está escrevendo o próprio texto, compartilhe com amigos, parentes e professores. Mande por WhatsApp, por exemplo. Experimente escrever no formato do Enem. São apenas 30 linhas. Esteja aberto a comentários. Responda-os. Acima de tudo: receba com humildade eventuais críticas. Na real, o texto também será julgado pelos avaliadores.

Use as redes sociais para divulgar opiniões sobre filmes, livros, lugares. São ótimas ferramentas para exercitar a concisão. Quanto mais curta e direta a postagem, melhor. Nessa tarefa, é claro, nada de usar abreviações, sinais gráficos e ilustrações. Escreva coisa com coisa. Jogue limpo consigo mesmo.

Só se escreve bem lendo

Se você é daqueles que só conseguem dizer que a festa foi legal, a mina é legal e chama tudo e qualquer coisa de coisa, cara, você tem um problema. Só tem um jeito de corrigir essa falta de vocabulário – ler. Então, leia. Leia tudo o que puder – livros, jornais e revistas, impressos ou em formato digital, com a intenção de se informar sobre o que acontece no mundo e ter assunto para escrever. A prática da leitura ajuda a tomar contato com o vocabulário específico sobre temas polêmicos e conhecer opiniões de especialistas sobre eles, fontes de argumentos para sustentar as teses.

Faça lista de palavras novas e desconhecidas.
Procure os sinônimos no dicionário
e incorpore-os ao vocabulário.

Tenha um dicionário. Daqueles de papel. Conheça-o. Use-o. Entenda como encontrar as palavras. Acostume-se a consultá-lo sempre que encontrar uma palavra difícil e desconhecida em livros, textos de jornal ou encartes de propaganda. Ignora alguma palavra? Anote e procure no dicionário. Memorize a palavra e os sinônimos mais usados e inclua-os em seus textos na fala diária. Buscar sinônimos na internet também vale, mas experimente esse trabalho manual de consulta a um dicionário de papel. Pode ser o começo de um longo relacionamento com os livros.

Evite o senhor Google. Há muitas incorreções ali, além de muitas *fake news.* Pedir texto para a inteligência artificial? Pra que, se você vai ter de escrever sozinho no dia da prova?

Leia livros, jornais, revistas. Ouça noticiários no
rádio e na televisão. Vá ao teatro e ao cinema.
Assista a shows de música. Informe-se.

Dedique-se a interpretar um texto por semana. Unzinho só. Escolha uma reportagem de jornal ou o trecho de um livro e caia matando. Assim:

a. Faça uma lista das palavras desconhecidas e procure o significado no dicionário. Escreva frases com a palavra original e troque-a pelos sinônimos. Preste atenção na diferença de estrutura da frase ao usar uma e outra palavra.
b. Escreva um resumo do texto com detalhes. Se for um texto opinativo, mencione as correntes contra e a favor de determinado pensamento. Outra vez, brinque com as palavras difíceis e seus sinônimos.
c. Escreva um texto próprio sobre o tema do artigo. Opine. Explique por que concorda ou discorda do autor original.

Ouça noticiários de rádio. Veja telejornais. Vá o teatro e ao cinema. Visite exposições de arte e fotos. Assista a shows de música em parques perto de casa. Divirta-se. Em grandes cidades, sempre há atividades culturais gratuitas. Organize-se. Vá. Tudo isso aumenta os conhecimentos sobre o que se passa ao redor e o prepara para escrever melhor.

A HORA H – ROTEIRO RESUMIDO

Você abriu o caderno com o teste. E agora?

Você tem uma hora para escrever. Vamos aqui sugerir a divisão dos 60 minutos em duas partes iguais 30 minutos ao planejamento do texto, incluindo a escrita do rascunho e outros 30 para transcrição para a página oficial. Mas só você pode definir a utilização mais eficiente do tempo. Seja qual for o resultado, só transcreva o texto para a folha oficial quando tiver certeza sobre o conteúdo do tema, tese, argumentos e conclusão. Na dúvida, pense um pouco mais. Escreva sabendo o que vai escrever. Fuja da improvisação na hora de passar o texto para a folha oficial.

As últimas edições do exame consagraram uma divisão entre as partes da composição. Em geral, os participantes têm escrito quatro parágrafos na prova – um para a introdução, dois para o desenvolvimento e o último para a conclusão e apresentação das propostas de intervenção social. Esse modelo pode deixar os parágrafos longos e verborrágicos, com excesso de palavras e repetições de conceitos. Portanto, cuidado com os excessos. Entretanto, são textos nota 1.000, sinal de aprovação dos corretores.

Dica: Capriche na letra – o examinador precisa entender o que você escreveu. Evite rasuras.

MÃOS À OBRA

1. Encontre o tema:

    a. Leia o enunciado e os textos de apoio com atenção, sem se assustar com eventual dificuldade. Apenas apreenda o que a prova quer de você.
    b. No alto da página de rascunho, escreva o assunto geral e o tema a ser tratado. Faça isso de forma resumida em uma frase, a bússola da redação.
    c. Se houver uma ilustração, como um mapa ou uma tirinha, transforme a ideia central das imagens em palavras.

2. Organize as ideias:

    a. Encontre o tema. A pergunta-chave aqui é: sobre o que eu devo escrever?
    b. Defina a tese: qual a minha opinião sobre o tema?

c. Escolha os argumentos: por quê? Encontre pelo menos 2 justificativas para sustentar a tese e sintetize cada uma em apenas uma frase.
d. Como resolver o problema proposto no tema: desenvolva uma proposta concreta de intervenção social. Duas frases no máximo.
e. Conclusão: resuma a composição em 2 frases no máximo.

3. Escreva a dissertação na folha de rascunho:

a. Siga o planejamento.
b. Mantenha-se fiel ao modelo introdução/desenvolvimento/conclusão.
c. Nunca utilize a primeira pessoa do singular (*eu*). Prefira a terceira pessoa do singular ou do plural (*ele*, *ela*, *eles*, *elas*).
d. Lembre-se: cada ideia em um parágrafo.
e. Use palavras e expressões de ligação entre parágrafos e ideias.
f. Se estiver em dúvida sobre a grafia de uma palavra, troque-a por um sinônimo.
g. Se estiver em dúvida sobre uma data, corte-a.
h. Sem gírias.
i. Sem gracinhas.
j. Seja conciso, direto, econômico nas palavras.

4. Releia e edite o texto:

   a. Certifique-se de que datas, nomes de pessoas e lugares estão corretos. Se houver alguma dúvida, omita ou troque a informação.
   b. Substitua palavras repetidas por sinônimos.
   c. Verifique a pontuação, especialmente ponto-final ao terminar parágrafos.
   d. Cuidado com o uso das vírgulas: separar sujeito de verbo é erro grave.
   e. Olho na acentuação. Atenção especial à crase.

5. Verifique a coerência e a coesão:

   a. A introdução apresenta o tema pedido na prova?
   b. Os argumentos sustentam a tese?
   c. A proposta de intervenção social é convincente?
   d. A conclusão fala com a introdução?

Mude o que tem de mudar agora.

6. Transcreva o texto para a folha oficial:

   a. Copie exatamente o que escreveu na folha de rascunho.
   b. Use letra clara e sem rabiscos.

c. São 30 linhas de texto. Preencha todas elas.

d. Respeite os parágrafos, deixando pequena margem no início da linha.

e. Evite a separação silábica das palavras ao passar de uma linha para outra.

Nada de inventar. Atenha-se ao planejamento inicial.

7. Releia o texto pela última vez:

a. Corrija eventuais erros.

Só rabisque a folha oficial para consertar um erro se tiver certeza do que está fazendo.

Respire fundo. Coragem, entregue a prova. Você deu o seu melhor!

BIBLIOGRAFIA

BECHARA, Evanildo. *Moderna gramática portuguesa*. São Paulo: Companhia Editora Nacional, 1987.

CUNHA, Celso. *Gramática do português contemporâneo*. Rio de Janeiro: Lexikon, 1999.

DISCINI, Norma. *O estilo nos textos*. São Paulo: Contexto, 2003.

EMEDIATO, Wander. *A fórmula do texto*. São Paulo: Geração, 2010.

GARCIA, Othon Moacir. *Comunicação em prosa moderna*. Rio de Janeiro: Fundação Getúlio Vargas, 2004.

MARTINS, Eduardo. *Manual de redação e estilo de O Estado de S. Paulo*. São Paulo: O Estado de S. Paulo, 1997.

SALVADOR, Arlete; SQUARISI, Dad. *A arte de escrever bem*: guia para jornalistas e profissionais do texto. São Paulo: Contexto, 2005.

______;______. *Escrever melhor*: guia para passar os textos a limpo. São Paulo: Contexto, 2008.

SQUARISI, Dad. *Manual de redação e estilo para mídias convergentes*. São Paulo: Geração Editorial, 2011.

TAVARES, Hênio. *Técnica de leitura & redação*. Belo Horizonte: Itatiaia, 2006.

A AUTORA

Arlete Salvador é jornalista especializada em política e mestre em Relações Internacionais pela Universidade de Birmingham, na Inglaterra. É assessora política do Consulado-geral dos Estados Unidos em São Paulo. Durante 20 anos de carreira jornalística, trabalhou em alguns dos mais prestigiosos órgãos de imprensa do país, como a revista *Veja* e os jornais *O Estado de S. Paulo* e *Correio Braziliense*. Nesse tempo, escreveu centenas de reportagens e artigos analíticos, o que despertou seu interesse pelo exercício da língua portuguesa. É autora dos livros *A arte de escrever bem* e *Escrever melhor* (com Dad Squarisi), e *Escrever bem no trabalho*, todos publicados pela Editora Contexto.

GRÁFICA PAYM
Tel. [11] 4392-3344
paym@graficapaym.com.br